Le droit
de l'ingénierie inverse

Logiques Juridiques

Fondée par Gérard Marcou

Dirigée par Jean-Claude Némery et Thomas Perroud

Le droit n'est pas seulement un savoir, il est d'abord un ensemble de rapports et pratiques que l'on rencontre dans presque toutes les formes de sociétés. C'est pourquoi il a toujours donné lieu à la fois à une littérature de juristes professionnels, produisant le savoir juridique, et à une littérature sur le droit, produite par des philosophes, des sociologues ou des économistes notamment.

Parce que le domaine du droit s'étend sans cesse et rend de plus en plus souvent nécessaire le recours au savoir juridique spécialisé, même dans des matières où il n'avait jadis qu'une importance secondaire, les ouvrages juridiques à caractère professionnel ou pédagogique dominent l'édition, et ils tendent à réduire la recherche en droit à sa seule dimension positive. À l'inverse de cette tendance, la collection « Logiques juridiques » des éditions L'Harmattan est ouverte à toutes les approches du droit. Tout en publiant aussi des ouvrages à vocation professionnelle ou pédagogique, elle se fixe avant tout pour but de contribuer à la publication et à la diffusion des recherches en droit, ainsi qu'au dialogue scientifique sur le droit. Comme son nom l'indique, elle se veut plurielle.

Dernières parutions

Nicolas DEMONTROND, *Le préfet stratège. La déconcentration en Basse-Normandie de 1981 à 2017*, 2021.

Marie-Laure BESSON, *L'obligation de délivrance dans les baux commerciaux,* 2021.

Louise FORT et Jean-Baptiste GUYONNET (dir.), *Consentement et droit public,* 2021.

Souleymane DIARRA, *La responsabilité contractuelle, du transporteur aérien, en droit malien, Contribution à l'étude de l'application des conventions internationales dans un contexte africain,* 2021.

Mariam Hamzeh TARCHICHI, *Le droit international de la délimitation des frontières,* 2021.

Matthieu Dhenne et Bertrand Warusfel

Le droit de l'ingénierie inverse

L'Harmattan

***

5-7, rue de l'École-Polytechnique – 75005 Paris
www.editions-harmattan.fr
ISBN : 978-2-343-22426-8
EAN : 9782343224268

Matthieu DHENNE

Avocat à la Cour
Président de l'Institut de Boufflers
Docteur en droit

Bertrand WARUSFEL

Professeur à l'université Paris VIII
Avocat à la Cour

Le présent ouvrage est issu d'un rapport de recherches réalisé dans le cadre du Projet Marshal+, programme de recherches appliquées financé par le Fonds unique interministériel de soutien (FUI) et mis en œuvre par un consortium de recherche mené par Airbus Group et au sein duquel les auteurs ont représenté l'IRPI (Institut de recherches en propriété intellectuelle – Université Paris II).*

* *Le Projet Marshal+ était la mise en place d'un dispositif résistant à tout type d'« attaques » (matérielles et logicielles). Les auteurs étaient essentiellement chargés d'étudier les aspects juridiques de cette ingénierie inverse, afin de déterminer dans quelle mesure le droit serait susceptible faire obstacle à de telles « attaques ».*

SOMMAIRE

INTRODUCTION GÉNÉRALE

1. Dans son *Histoire générale de la République romaine*, POLYBE raconte que la capture puis l'analyse d'un navire de guerre carthaginois auraient été à l'origine de la puissance navale romaine[1]. Toutefois, la contrefaçon demeurait encore inconnue du droit romain[2]. La propriété intellectuelle, consacrée depuis, pourrait-elle aujourd'hui faire obstacle à une telle analyse, destinée à la reproduction d'un navire de guerre capturé ? D'autres *corpus* juridiques pourraient-ils s'opposer à une telle extraction d'information ? Ces questions, qui visent *in fine* à fixer les frontières de la liberté de la recherche[3], se posent plus particulièrement avec l'ingénierie inverse. Cette dernière, également désignée comme le *reverse engineering*, la rétro-ingénierie ou la rétroconception, ayant en effet pour but la compréhension d'un objet par son analyse soit pour le

---

1 POLYBE, *Histoire générale de la République romaine*, in *Ouvrages historiques de POLYBE, HÉRODIEN et ZOZIME*, trad. D. THUILLIER et A. DESREZ, 1836, p. 12. Le navire de guerre en cause était une quinquérème : une galère à cinq rangs de rames.

2 La contrefaçon avait néanmoins été dénoncée par certains hommes de lettres. V. HORACE, *Épitres*, texte établi et trad. par F. VILLENEUVE, *Les Belles Lettres*, Universités de France, 1989, Livre I, III, n° 15 s., p. 51 et 52 ; MARTIAL, *Épigrammes*, T. I (Livre I-VII), texte établi et trad. par H. J. IZAAC, *Les Belles Lettres*, Universités de France, 3e éd, 1969, Livre I, XXXVIII, p. 26, LII, p. 31, LIII, p. 31, LLXXII, p. 38.

3 C. BLAIZOT-HAZARD, *Droit de la recherche scientifique*, PUF, Thémis, Droit public, 2003, p. 13 s. La liberté de la recherche scientifique n'est pas expressément prévue par un texte. On a proposé de la déduire de la liberté individuelle consacrée par l'article 4 de la Déclaration des droits de l'Homme et des citoyens. En France, le Conseil constitutionnel l'a déduite de la liberté d'expression consacrée à l'article 11 du même texte (Cons. const., déc. n° 94-345 DC, 29 juill. 1994, *Loi relative à l'emploi de la langue française*).

reproduire soit pour créer un nouvel objet. Il s'agit *de réaliser à partir d'un produit tiers, matériel ou logiciel, différentes formes d'observations, de tests, de déconstructions, dans le but d'extraire, de comprendre, de reproduire, de modifier, tout ou partie des données techniques qu'il contient*[4].

2. De fait, le *reverse engineering* prend des formes diverses selon son objet. La pratique s'est d'abord développée dans le secteur de la mécanique dans lequel soit on palpe un objet, soit on scanne numériquement sa surface pour dégager un nuage de points analysable par un logiciel. Plus récemment, l'ingénierie inverse est apparue dans les secteurs de l'électronique et de l'informatique. Dans le premier secteur, l'étude porte sur le fonctionnement d'un circuit électronique. Dans le second, l'étude s'appuie sur trois outils : les désassembleurs, les débuggers et les décompilateurs. Un désassembleur permet une analyse statique du programme. Il traduit le langage machine en une série d'instructions assembleur. Un débugger permet d'étudier ce que fait le programme lorsqu'il est exécuté par une machine. Un décompilateur traduit le langage machine en un langage évolué aisément compréhensible pour l'Homme. Nous devons dès à présent souligner que décompilateur et désassembleur partagent leur capacité à transformer un code binaire – le langage machine – en un langage évolué. Ce dernier n'est toutefois ni concis ni structuré ; cinq à dix fois plus long, il est très difficilement compréhensible pour un praticien. Il convient aussi de noter que contrairement à un préjugé répandu la décompilation n'aboutit jamais à un accès au code source original. L'on obtient qu'un code source proche. Une obtention du code original exigerait un accès à l'ensemble des sources, dont notamment les commentaires apportés au code.

---

4 Rappr. P. SAMUELSON & S. SCOTCHMER, « The Law and Economics of Reverse Engineering », Yale L.J. 2002, vol. 111, p. 1575 : « *pratique d'extration du savoir-faire à partir d'un artefact créé par l'Homme* » ("*process of extracting know-how or knowledge from a humanmade*").

3. Le droit n'a pas vocation à régir, en tant que telle, toute ingénierie inverse d'une chose technique acquise légalement. Mais cette pratique peut appeler une intervention juridique quand elle emploie des moyens illégaux ou que l'information qu'elle permet d'obtenir est l'objet d'une propriété. Ainsi, le système juridique français saisi l'ingénierie autant via le droit civil (**PARTIE I**) que via le droit pénal (**PARTIE II**).

PARTIE I - L'INGÉNIERIE INVERSE SAISIE PAR LE DROIT CIVIL

4. Plusieurs législations spéciales, le plus souvent consacrées à des propriétés intellectuelles, sont de nature à s'opposer à l'ingénierie inverse (**Chapitre 1**). À défaut d'une telle législation, les règles générales du droit des biens et de du droit de la responsabilité civile demeurent également susceptibles de constituer des obstacles (**Chapitre 2**).

CHAPITRE I – DROIT CIVIL SPÉCIAL

5. L'ingénierie inverse peut être entravée par une propriété intellectuelle en présence de trois types d'objets : les programmes d'ordinateur (**Section 1**) ; les bases de données (**Section 2**) et les semi-conducteurs (**Section 3**)[5]. Par ailleurs, la législation sur le secret des affaires pourra elle aussi susciter des difficultés (**Section 4**).

5 Une première synthèse sur les aspects de propriété intellectuelle du sujet a été publiée par les auteurs en 2016 : B. WARUSFEL, M. DHENNE. « La propriété intellectuelle face à l'ingénierie inverse », *Propr. Intell.*, 2016, p. 20 (hal-01852555).

SECTION I. LES PROGRAMMES D'ORDINATEUR

6. Il convient au préalable de déterminer ce qu'est un programme d'ordinateur. On admet par principe qu'il s'agit d'une suite d'instructions visant l'accomplissement de fonctions par une machine[6]. Au sens strict, un logiciel est davantage qu'un programme. C'est l'« *ensemble des programmes, procédés et règles, éventuellement de la documentation, relatif au fonctionnement d'un ensemble de traitement de données* »[7]. Un logiciel inclut donc tous les éléments exigés par le fonctionnement du programme d'ordinateur. L'article premier de la directive 2009/24/CE du 23 avril 2009 concernant la protection juridique des

---

6 J. GUALINO, *Dictionnaire pratique informatique, Internet et nouvelles technologies de l'information et de la communication*, Gualino, 2006, v. « programme ». La Commission européenne définit ainsi le programme d'ordinateur comme « un ensemble d'instructions qui a pour but de faire accomplir des fonctions par un système de traitement de l'information, appelé ordinateur » (*Livre vert* de la Commission des Communautés européennes sur le droit d'auteur et le défi technologique, COM. [1988], p. 170, n° 5.1.1). De même, aux États-Unis, l'art. 101 du Titre 17 du Code des États-Unis dispose que le programme d'ordinateur est « *une série d'instructions à utiliser, directement ou indirectement par l'ordinateur, afin d'obtenir un certain résultat* » (Notre traduction de « *A "computer program" is a set of statements or instructions to be used directly or indirectly in a computer in order to bring about a certain result* »). Cette définition peut susciter des difficultés en présence de programmes rédigés en langage orienté objet. En effet, dans ce cas, on raisonne en termes d'« objets », et le programme constitue une réunion d'« objets », ce n'est pas véritablement une « suite » d'instructions. V. F. A. KOCH, *Begründung und Grenzen des urheberrechtlichen Schutzes objektorientierter Software*, *GRUR* 2000, p. 191.

7 *Terminologie de l'informatique*, A. min. 22 déc. 1981, *JORF* 17 janv. 1982, p. 624. De même, une instruction de la Direction générale des impôts, qui date du 12 oct. 1984, définit le logiciel comme « *un ensemble d'instructions, de programmes, procédés et règles ainsi que la documentation qui leur est éventuellement associée, relatifs au fonctionnement d'un matériel de traitement de l'information* ».

programmes d'ordinateur indique néanmoins que « *les termes "programme d'ordinateur", aux fins de la présente directive, comprennent le matériel de conception préparatoire* ». Cette assimilation se comprend aisément, car, dans la pratique, les deux dénominations, « logiciel » et « programme d'ordinateur », sont employées indifféremment. Elles sont en général considérées comme interchangeables[8]. Nous les emploierons donc tels des synonymes dans les développements à venir. En revanche, le programme doit être nettement distingué de l'algorithme. Ce dernier constitue une formule mathématique dont la réalisation dépend de l'intelligence de son exécutant. C'est la forme écrite d'un procédé de calcul composé d'une suite d'étapes. Ainsi, l'algorithme d'une fonction de la vie quotidienne telle que se laver les cheveux, par exemple, serait défini de la sorte : mouiller les cheveux ; appliquer le shampoing sur le cuir chevelu ; masser ; émulsionner ; rincer abondamment[9]. Dans le domaine de l'informatique, l'algorithme correspond à une fonction d'un programme d'ordinateur.

7. L'informatique est née aux États-Unis au cours de la deuxième moitié du vingtième siècle, après que les premiers calculateurs programmables aient été conçus et développés (sur la base et avec l'aide du mathématicien britannique Alan TURING[10]) pour remplir des applications militaires durant la Seconde

---

8 J. HUET, « L'Europe des logiciels : le principe de la protection par le droit d'auteur (directive communautaire du 14 mai 1991) », *D.* 1992, p. 221, v. spéc. note 20, p. 222 ; A. LUCAS, *Œuvres protégées – Logiciels*, in *J.-Cl. Prop. litt., art.*, fasc. 1160 (16 févr. 2015) n° 1 ; F. POLLAUD-DULIAN, *La brevetabilité des inventions. Étude comparative de jurisprudence France – OEB*, Litec, IRPI, t. 16, 1997, n° 78, p. 69, v. spéc. note 1 ; M. VIVANT, « Le programme d'ordinateur au pays des muses », *JCP E* 1991, I, 94. V. *contra* A. BERTRAND, *Le droit d'auteur et les droits voisins*, Dalloz, 2e éd., 1998, n° 12.31 ; J.-P. MARTIN, « La protection des logiciels informatiques : droit d'auteur ou brevet d'invention ? », *JCP E* 1990, II, 15752.

9 X. THUNIS, « Les modes de protection juridique du logiciel », *DPCI* 1983, p. 121, note 4.

10 Sur Alan TURING v. notamment J. LASSEGUE, *Alan TURING*, Les belles lettres, 2003.

Guerre mondiale[11]. La question de la protection des programmes d'ordinateur a donc initialement été soulevée outre-Atlantique[12]. En 1966, une commission présidentielle consacrée à l'appréhension des nouvelles technologies par le droit des brevets rendit un rapport défavorable à la protection des logiciels par brevet[13]. Cette exclusion a ensuite été justifiée par le rejet, plus général, de la brevetabilité des théories scientifiques. Il s'agissait alors de considérer qu'un programme d'ordinateur était assimilable soit à un algorithme soit à une suite d'algorithmes, qui ni l'un ni l'autre n'engendre de transformation de la Nature. Dans ce cas, le programme ne peut pas constituer une invention de procédé au sens de l'article 101 du Titre 35 du Code des États-Unis. De plus, il s'agit d'une suite d'étapes intellectuelles qui dépend de l'intelligence d'un exécutant. Sa description ne peut pas suffire à son exécution puis à sa reproduction. Elle est donc insuffisante au sens de l'article 112 du Titre 35 du Code des États-Unis. Ces deux arguments ont été réunis au sein de la théorie dite « des étapes mentales » (*mental steps*), selon laquelle le procédé dont la réalisation est uniquement subordonnée à l'intelligence de son exécutant n'est pas brevetable[14].

8. Dès les années soixante, le rejet de la protection des programmes d'ordinateur par la propriété industrielle s'est toutefois accompagné de l'admission de sa protection par la propriété littéraire. En effet, dès 1964, l'*US Copyright Office* a reconnu que les logiciels étaient protégeables par *copyright*. Le législateur américain a consacré cette pratique avec la loi du

---

11 Ph. BRETON, *Histoire de l'informatique*, La Découverte, 1987, p. 76 et s.

12 Les premiers articles consacrés au sujet ont naturellement été publiés aux États-Unis. V. J. F. BANZHAF, « Copyright Protection for Computer Programs », *Colum. L. Rev.* 1964, vol. 64, p. 1274 ; A. H. Seidel, « Antitrust, Patent and Copyright Law. Implications of Computer Technology », *JPTOS* 1962, vol. 64, p. 116.

13 The President's Commission on the Patent System, *Report to Promote the Progress of Useful Arts*, 1966.

14 *Gottschalk v. Benson*, 409 US 67, 175 USPQ 673 (1972). V. P. AMBROSE, « The Mental Steps Doctrine » : *Tenn. L. Rev.* 1981, vol. 48, p. 903 ; N. D. McCLASKEY, « The Mental Process Doctrine : Its Origin, Legal Basis and Scope » : *Iowa L. Rev.* 1970, vol. 5, p. 1149.

12 décembre 1980. Les législateurs français et allemand ont adopté des solutions similaires en 1985. La directive 2009/24/CE du 23 avril 2009[15] et l'Accord sur les ADPIC du 15 avril 1994 reprennent aujourd'hui cette position en vertu de laquelle le logiciel est protégé par le droit d'auteur[16] (**§ 1**). Parallèlement, la jurisprudence, aux États-Unis puis en Europe, a progressivement admis la brevetabilité d'inventions relatives à des programmes d'ordinateur, en dépit de son rejet originel (**§ 2**).

§ 1 Le droit d'auteur sur les logiciels

9. Toute reproduction de l'œuvre réalisée sans l'autorisation de l'auteur constitue, en principe, une contrefaçon susceptible d'être sanctionnée autant sur le terrain du droit civil que sur celui du droit pénal. La démarche de l'ingénierie inverse constitue-t-elle une telle reproduction de nature à engager la responsabilité de son auteur ? Pour répondre, il convient, à titre liminaire, de déterminer ce qu'est concrètement la rétroconception d'un programme d'ordinateur : observer et tester pour comprendre fonctionnement pour trouver ses fonctionnalités puis définir sa structure voire retrouver des éléments de code. Et ces éléments du code, s'ils sont retraités, pourront éventuellement permettre de retrouver le code source.

10. La détermination de la licéité de l'ingénierie inverse implique donc, tout d'abord, de déterminer quels éléments d'un programme d'ordinateur sont susceptibles d'être protégés par le droit d'auteur. Or, il est en principe admis que seule sa forme, c'est-à-dire son code source et son architecture, est

15 Directive 2009/24/CE du 23 avr. 2009 concernant la protection juridique des programmes d'ordinateur : *JOCE* 5 mai 2009, n° L 111, p. 16.

16 Art. 10 de l'accord sur les ADPIC : « Les programmes d'ordinateur, qu'ils soient exprimés en code source ou en code objet, seront protégés en tant qu'œuvres littéraires en vertu de la Convention de Berne (1971) ».

protégeable (**A**). La loi prévoit cependant des exceptions en vertu desquelles la reproduction de la forme d'un logiciel est admissible (**B**).

A. Objet du droit

11. La propriété littéraire et artistique porte sur des œuvres de l'esprit. Ainsi, seul un programme d'ordinateur qualifiable d'œuvre de l'esprit sera protégeable. Ladite œuvre étant comprise comme l'expression formelle originale d'une idée. En d'autres termes, la naissance d'un droit d'auteur est subordonnée à deux critères : l'existence d'une forme (**1**) ; l'originalité de cette forme (**2**).

1) Une création formelle

12. Seule une idée communiquée par le biais d'une forme accessible sensible peut constituer l'objet d'un droit d'auteur[17]. L'exigence d'une communication par le biais d'une forme nécessite qu'un auteur donne forme à son idée en en organisant les éléments (composition) et/ou en la formulant à l'intérieur de limites données (expression). Pour le programme d'ordinateur, cela signifie que les idées ne sont, en principe, pas protégeables (**a**). En revanche, le code et l'architecture (**b**) ainsi que les interfaces logicielles le sont (**c**).

---

17 P.-Y. GAUTIER, *Propriété littéraire et artistique*, PUF, Droit fondamental, 8e éd., no 37 et s., p. 48 et s. ; A. LUCAS, H.-J. LUCAS, A. LUCAS-SCHLOETTER, *Traité de la propriété littéraire et artistique*, Litec, Traités, 4e éd., 2012, no 60 et s., p. 75 et s. ; F. POLLAUD-DULIAN, *Le droit d'auteur*, Économica, Corpus droit privé, 2005, no 103 et s., p. 83 et s.

a) Les idées exclues : fonctionnalités et les langages de programmation

13. Dans le domaine de l'informatique, l'architecture du programme et son code source constituent respectivement sa composition et son expression. L'idée *per se*, qui correspond à une fonctionnalité, n'est pas protégeable. Ladite fonctionnalité pouvant être définie comme « *la capacité* (d'un logiciel) *à effectuer une tâche précise ou à obtenir un résultat déterminé* ». En d'autres termes, « *ce à quoi sert le logiciel* »[18]. Mais ces définitions représentent partiellement la réalité visée. Une fonctionnalité peut, en effet, résider dans la fonction finale accomplie par le logiciel. Mais ce peut aussi n'être qu'une fonction réalisée en aval et qui participe à un ensemble permettant d'aboutir au résultat final escompté.

14. Quoi qu'il en soit la fonctionnalité constitue, en tous cas, un but, une idée insuffisamment exprimée pour pouvoir être considérée comme une forme protégeable au sens du droit d'auteur. Ainsi, dans une décision rendue en 2005, la Cour de cassation avait adopté une solution identique[19]. En l'espèce, deux sociétés avaient conclu un contrat autorisant la première d'entre elles à intégrer et à développer des fonctionnalités réalisées au sein de ces logiciels par la seconde. Deux ans plus tard, la convention a été dénoncée par la société bénéficiant de l'autorisation. Le titulaire du droit engagea alors une action en contrefaçon à son encontre. Cette demande a été rejetée par les juges du fond qui ont jugé que la capacité du programme à réaliser une tâche précise ne relevait pas du champ de la

---

18 P. SIRINELLI, Obs. sur CJCE, 2 mai 2012, C-406/10, *SAS Institue c/ World Programming Ltd.*, *D.* 2012, p. 2836.

19 Cass. 1ère civ., 13 décembre 2005, *RTD com.* 2006, p. 79, obs. F. POLLAUD-DULIAN, *Propr. industr.* 2006, comm. 27, note J. SCHMIDT-SZALEWSKI. V. TGI Paris, 4 octobre 1995, *JCP G* 1996, 22673, note H. CROZE, CA Versailles, 9 octobre 2003, *Comm. com. électr.* 2004, comm. 25, note Ch. CARON, T. com. Nanterre, 9 février 2007, *Propr. industr.* 2008, comm. 8, note J. LARRIEU. V., également, S. CARRE, « Actualité(s) du logiciel », *Propr. industr.* 2006, étude 16.

propriété littéraire et artistique. Le pourvoi formé à l'encontre de cette décision a été rejeté.

15. Il a cependant été jugé que le constat selon lequel « *ni la fonctionnalité d'un programme d'ordinateur ni le langage de programmation et le format de fichiers de données utilisés dans le cadre d'un programme d'ordinateur pour exploiter certaines de ses fonctions ne constituent une forme d'expression de ce programme* [...] *ne saurait affecter la possibilité, pour le langage SAS et le format de fichiers de données de SAS Institute, de bénéficier, en tant qu'œuvres, de la protection par le droit d'auteur, en vertu de la directive 2001/29/CE, s'ils sont une création intellectuelle propre à leur auteur* »[20]. Autrement dit, le langage et les formats de fichiers de données de *SAS Institute* – tout comme l'interface graphique – ne sont pas éligibles au droit d'auteur au sens de la directive n° 2009/24/CE. Mais en tant que parties d'un tout – le logiciel – ils pourraient, le cas échéant, bénéficier du droit commun du droit d'auteur, notamment en application de la directive n° 2001/29/CE du 22 mai 2001 sur l'harmonisation de certains aspects du droit d'auteur et des droits voisins dans la société de l'information[21].

16. Cette déclaration de la Cour de justice semble contradictoire. La société *SAS Institute* a développé un système intégré de programme d'ordinateur permettant aux utilisateurs de réaliser le traitement et l'analyse de données ainsi que l'adaptation de système en rédigeant leurs propres programmes d'application. La société *WPL* a souhaité créer un marché de logiciels de substitution pour réaliser les programmes d'exécution développés avec le langage *SAS*. De cette manière, les utilisateurs peuvent utiliser leurs programmes d'application créés avec le système *SAS* dans le système *WPL*. La société *SAS* a intenté une action en contrefaçon de ces programmes

20 CJCE, 2 mai 2012, C-406/10, *SAS Institute c/ World Programming Ltd.*, *D.* 2012, p. 2836, note P. SIRINELLI, *RTD com.* 2012, p. 536, note F. POLLAUD-DULIAN, considérants n° 39 et 45.

21 Directive n° 2009/24/CE du 23 avril 2009 concernant l'harmonisation de certains aspects du droit d'auteur et des droits voisins dans la société de l'information, *JOCE* n° L 167 du 22 mai 2001, p. 10.

et de ces manuels d'utilisation contre son concurrent. Elle l'a également poursuivi pour violation du contrat de licence visant le logiciel *SAS*. En d'autres termes, selon la demanderesse, le second programme reprenait les fonctionnalités du premier. Cette reprise devait être considérée comme une contrefaçon du fait de la protection de ces fonctionnalités par le droit d'auteur. En l'espèce, la Cour a rejeté la protection des fonctionnalités en jugeant qu'il était indubitable qu'elles devaient échapper à tout droit exclusif pour maintenir la concurrence et encourager le progrès dans ce secteur.

17. L'admission de la protection des langages de programmation et des formats de fichiers soulève une importante objection. Si un langage de programmation est protégé, comment concilier cette affirmation avec la reconnaissance par la Cour de la licéité de la reproduction des fonctionnalités, laquelle exige le même langage de programmation que le logiciel de SAS ? Serait-ce à dire que cette possibilité, qui est admise sur le terrain de la directive n° 91/250/CE, pourrait être entravée sur le terrain de la directive n° 2001/29/CE. Mais, dans ce cas, l'interopérabilité risquerait d'être mise en cause, ce qui tendrait également à remettre en cause l'objectif annoncé par la Cour d'encourager la concurrence et le progrès.

18. La finesse de la limite entre la protection des langages de programmation et l'exclusion des fonctionnalités révèle la difficulté que génère, de façon plus générale, la délimitation de l'objet du droit d'auteur. Une confusion constante entre la forme et le fond du logiciel est apparue aux États-Unis dès le début des années quatre-vingt. Dès 1984, dans l'affaire *Franklin*, la Cour fédérale du troisième circuit a admis la protection du code objet du programme[22]. Certes, le code

22 *Apple Computer Inc. c/ Franklin Computer Corp.*, 714 F2d 1240, 1243 (3d Cir. 1983) inf. 464 US 1033 (1984). V. J. K. HALVEY, « A Rose by Any Other Name: Computer Programs and the Idea-Expression Distinction », *Emory L. J.* 1985, vol. 34, p. 741.

objet n'est pas la fonctionnalité. Toutefois, il s'agit de l'aspect du programme s'en rapprochant le plus. Il constitue l'instruction précédant directement l'exécution de la fonction. Par ailleurs, le *copyright* a été étendu au design, à la structure, à l'organisation du logiciel ainsi qu'à son interface. Même si les fonctionnalités demeurent hors de la sphère du copyright, l'étendue de la protection est telle qu'il est envisageable d'obtenir directement ou indirectement un droit sur ces fonctionnalités.

19. La confusion entre le code source, l'architecture et les fonctionnalités du logiciel est également apparue en Europe. Le tribunal de grande instance de Paris a par exemple considéré que le logiciel autorisant la réalisation d'enchères sur Internet était original autant par ses fonctionnalités que par son architecture et par sa programmation[23]. Il a aussi été jugé que la dissemblance des fonctions de deux programmes faisait obstacle à la qualification de contrefaçon[24]. Mais ces références aux fonctionnalités paraissent seulement destinées soit à l'appréciation de l'originalité du programme soit à l'appréciation de la similarité existant entre deux programmes. L'appropriation demeure restreinte au code source et à l'architecture (**b**).

---

23 TGI, Paris, 6 mars 2001, *PIBD* 2001, III, p. 553, *JCP E* 2001, p. 1952 (programme de vente aux enchères sur Internet).

24 TGI Paris, 13 février 2007, inédite ; TGI Paris, 27 juin 2007, inédite (programme de gestion en flux tirés). V. CA Paris, 4 février 2004, *Expertises* 2004, p. 156 (calculette crédit pour Internet) ; Aix-en-Provence, 24 mai 2007, *Expertises* 2007, p. 354.

b) Le code source et l'architecture

20. La protection du code source a été reconnue dès les premières décisions rendues en Europe[25], aux États-Unis[26] et au Japon[27]. En France, le tribunal de grande instance de Paris a adopté cette position dès 1983[28]. Par ailleurs, on a également admis que l'architecture, selon laquelle les modules du logiciel sont organisés, est également couverte par le droit d'auteur[29]. Le simple fait de prendre connaissance de la structure du programme n'est pas en soi une atteinte au droit d'auteur. Mais la reproduction de cette structure et/ou sa modification pourraient, au contraire, porter atteinte à ce droit. À l'inverse, l'accès au code source suppose au préalable une reproduction du code exécutable avant de réussir à l'obtenir. Cette reproduction intermédiaire constitue en soi une atteinte à la protection. Au-delà de la protection du code source et de l'architecture, il faut également évoquer le cas particulier des interfaces logicielles (**c**).

---

25 *La protection du logiciel en Europe*, ss. dir. M. VIVANT, Litec, Bibliothèque du droit de l'entreprise, t. 24, 1989, *passim*.

26 *Williams Electronics, Inc. c/ Artic International, Inc.*, 685 F2d 870 (1982) (jeu video *Defender*). V. D. J. FETTERMAN, « The Scope of Copyright Protection for Computer Software: exploring the Idea/Expression Dichotomy », *IPLR* 1988, vol. 20, p. 399.

27 D. KARJALA, K. SUGIYAMA, « Fundamental Concepts in Japanese and American Copyright Law », *Am. J. Comp. L.* 1988, vol. 36, p. 613.

28 TGI Paris, 21 septembre 1983, *D.* 1984, p. 77, note Ch. LE STANC, *JCP G* 1984, II, 20249, note J.-M. WAGRET. V. CA Paris, 15 février 1990, *PIBD* 1990, III, p. 315 ; CA Paris, 5 mars 1987, *PIBD* 1987, III, p. 263 ; T. com. Nanterre, 30 novembre 1993, *Expertises* 1994, n° 169, p. 81 ; CA Paris, 27 janvier 1987, *PIBD* 1987, III, p. 167 ; TGI Aix-en-Provence, 15 avril 1993, *Expertises* 1994, p. 197 ; CA Paris, 23 novembre 1994, *Expertises* 1995, p. 36, note X. LINANT de BELLEFONDS ; TGI Paris, 4 octobre 1995, *PIBD* 1996, III, p. 30 ; Trib. com. Bobigny, 20 janvier 1995, *RIDA* octobre 1995, p. 325 ; TGI Paris, 20 juin 2000, *PIBD* 2001, III, p. 47.

29 Cass. ass. plén., 7 mars 1986 (1ère espèce aff. Babolat c/ Pachot), *RTD com.* 1986, p. 399, note A. FRANÇON, *JCP E* 1986, II, 20631, obs. J.-M. MOUSSERON, B. TEYSSIÉ, M. VIVANT, *JCP E* 1986, 15791, obs. M. VIVANT, A. LUCAS.

c) Les interfaces logicielles

21. La question a également été soulevée de savoir si les interfaces logicielles pouvaient accéder à la protection[30]. L'interface est, selon le *Robert*, « *une limite commune à deux appareils* »[31]. Cette brève définition dévoile la vocation de communicante de l'interface. C'est en tous cas sa fonction essentielle dans le domaine de l'informatique où elle est comprise comme le « *dispositif matériel et/ou logiciel qui définit les règles communes physiques ou logiques permettant à deux systèmes de communiquer* »[32]. Dans la pratique, elle constitue un élément autorisant l'interconnexion de tous les éléments du logiciel et du matériel avec d'autres logiciels et matériels ainsi qu'avec l'utilisateur physique et ne concerner que « *la connexion et l'adaptation des signaux échangés* »[33]. Il faut distinguer ce dispositif matériel et les interfaces logicielles destinées soit à la communication d'un logiciel avec le matériel ou avec un autre logiciel (interface d'interconnexion) soit à la communication entre le logiciel et l'utilisateur (interface d'utilisation).

22. En droit, le terme « interface » désigne en principe uniquement les interfaces d'interconnexion. La directive précise ceci à propos de ces dernières : « *Un programme d'ordinateur est appelé à communiquer et à fonctionner avec d'autres éléments d'un système informatique et avec des utilisateurs ; à cet effet, un lien logique et, le cas échéant, physique d'interconnexion et d'interaction est nécessaire dans le but de permettre le plein fonctionnement de tous les éléments du logiciel et du matériel avec d'autres logiciels et matériels ainsi qu'avec les utilisateurs. Les parties du programme qui assurent cette interconnexion et cette interaction entre les éléments des logiciels et des matériels sont*

---

30 V. F. SARDAIN, La propriété intellectuelle à l'épreuve des logiciels. L'exemple des interfaces, th. dactyl. Université de Poitiers, 2002.

31 *Le Grand Robert de la langue française. T. 5*, ss dir. P. ROBERT, par A. REY, Dictionnaire Le Robert, 2e éd., 1996, *s. v.* « interface ».

32 J. NOTAISE *et al.*, *Dictionnaire et multimédia*, AFNOR, 2e éd., 1996, *s. v.* « interface ».

33 M. GRENIE, *Dictionnaire de la micro-informatique*, Larousse, 1997, *s. v.* « interface ».

communément appelées "interfaces". »[34] Pour résumer, les interfaces constituent des « *ponts* » reliant deux éléments d'un système informatique, dès lors il est nécessaire que ces ponts soient identiques ou qu'ils soient, à tout le moins, en mesure de se parler[35]. Et cette communication dépend de l'interopérabilité des programmes, c'est-à-dire « *la capacité* (des logiciels) *d'échanger des informations et d'utiliser mutuellement les informations échangées* »[36].

23. L'interopérabilité est devenue un enjeu fondamental, notamment depuis le développement des réseaux informatiques, du fait desquels elle est constamment requise[37]. Ce développement est à l'origine des interrogations relatives à l'éventuelle naissance d'un droit d'auteur les concernant. Il convient alors de distinguer selon que l'on soit en présence d'une interface d'interconnexion ou d'une interface utilisateur. Concernant les premières, la directive prévoit que la décompilation est licite si elle est nécessitée par l'exigence d'interopérabilité. Mais l'opération doit satisfaire à l'ensemble des conditions, particulièrement restrictives, énoncées par afin de garantir le plein fonctionnement de l'ensemble *hardware-software*. Une interface peut être l'article 6(1). On bascule alors dans un débat relevant davantage du droit de la concurrence que de la propriété intellectuelle puisqu'il s'agit de déterminer si les concurrents peuvent librement accéder à l'œuvre[38].

24. La lecture *a contrario* de l'article 6(1) démontre que les interfaces d'interconnexion sont protégeables. Qu'en est-il des

---

34 Directive n° 2009/24/CE du 23 avril 2009 concernant la protection juridique des programmes d'ordinateur, *JOCE* n° L 111 du 5 mai 2009, p. 16, considérant n° 10.

35 J. BEER-GABEL, R. CHEMAIN, « La décompilation des logiciels : l'industrie européenne face au droit d'auteur », *RTD eur.* 1991, p. 363, v., spéc., p. 365.

36 Directive n° 2009/24/CE du 23 avril 2009 concernant la protection juridique des programmes d'ordinateur, *loc. cit.*

37 J. BEER-GABEL, R. CHEMAIN, préc.

38 J. HUET, « Le *reverse engineering*, ou ingénierie inverse, et l'accès aux interfaces dans la protection des logiciels en Europe : questions de droit d'auteur et de droit de la concurrence », *D.* 1990, p. 99.

interfaces utilisateurs ? Cette question est à l'origine d'une controverse importante, qui résulte de la nature complexe de ces interfaces. En effet, elles sont générées par le logiciel, y sont donc attachées, et elles se manifestent par un résultat audiovisuel. De quelle partie de l'interface utilisateur faut-il tenir compte en droit d'auteur ? Le régime du droit sera différent selon que l'on retienne l'une ou l'autre de ces options. Si on prend en compte l'aspect logiciel, c'est le régime spécifique prévu pour ce type de créations qui s'applique. En revanche, si on prend en compte le résultat audiovisuel, c'est le régime du droit commun du droit d'auteur qui s'applique. En particulier, en ce qui nous concerne, dans le premier cas l'exception de copie privée s'appliquera et non l'exception de décompilation. Autrement dit, l'adoption de la seconde solution reviendrait à considérer que la reproduction d'une interface graphique ne serait envisageable que s'il satisfaisait les conditions restrictives dans lesquels l'exception de décompilation est acceptée. Cependant, l'aspect audiovisuel constitue l'interface graphique et elle n'est qu'un résultat de la composante logicielle. Par conséquent, la seconde solution semble, à première vue, s'imposer. Pourtant, si la solution semble aujourd'hui admise, elle résulte de longs développements doctrinaux et jurisprudentiels.

25. Le problème de la protection des interfaces utilisateurs s'est initialement posé en droit américain au cours des années quatre-vingt. Face à cette question, la jurisprudence américaine a élaboré la théorie dite du « *look and feel* »[39]. Cette théorie consiste à subordonner la protection d'un logiciel à son aspect (son « look ») et à ses concepts fonctionnels (son « feeling »). L'approche du *look and feel* a d'abord été employé dans des contentieux relatifs aux jeux vidéo puis, ensuite, elle a été employée au sujet des interfaces utilisateurs. La décision

39 J. HUET et Ch. SOLIN, « USA : protection de la représentation visuelle de programmes d'ordinateur (la question du "look and feel") », *Dr. informatique et télécoms* 1988, p. 97 ; Y. GENDREAU, « Les hauts et les bas du "look and feel" », *Dr. informatique et télécoms* 1993, p. 8.

Whelan constitue la pierre de touche de ce développement[40]. En l'espèce, le demandeur détenait un copyright sur un logiciel de gestion d'un laboratoire dentaire. Il arguait de la ressemblance visuelle existant avec le programme du défendeur pour fonder son action en contrefaçon. La Cour a jugé que le code source constituait une œuvre littéraire protégeable par le *copyright*. Elle a en outre estimé que la composition était couverte par le droit. Par conséquent, la protection concernait autant le code, en tant qu'expression, que la structure, l'ordre et l'organisation du programme. Pour arriver à ce résultat, les juges se sont fondés sur un test consistant à exclure uniquement la protection des idées qui ne sont pas nécessaires au but de la fonction du logiciel. Il en ressort que tous ses autres éléments sont, a contrario, protégeables. C'est ce test qui permit aux Cours de district du nord de la Californie[41] et du Connecticut[42] de juger que l'interface utilisateur participait du logiciel.

26. À la fin des années quatre-vingt, les juridictions américaines reconnaissaient que le régime spécifique du droit des logiciels s'appliquait aux interfaces utilisateurs. Cette position est toutefois critiquable. Elle revient à confondre le logiciel avec ses conséquences. Si l'interface audiovisuelle résulte effectivement de la mise en œuvre du logiciel, elle n'est nullement assimilable à celui-ci. En d'autres termes, cela revient, *in fine*, à estimer qu'une chose est qualifiable de bien en raison de ce qu'elle fait et non en raison de ce qu'elle est. L'incohérence de la méthode explique sa remise en cause ultérieure. La méthode a d'abord été rejetée par une décision

---

40 *Whelan Associates, Inc. c/ Jaslow Dental Laboratory, Inc.*, 797 F2d 1222 ; 230 USPQ 481 (CAFC 1986) (programme d'ordinateur pour enregistrer les données d'un laboratoire dentaire). V. R. OMAN, « Urheberrechtsschutz für Computerprogramme – Neue Entwicklungen in den USA », *GRUR* 1988, p. 472. V., également, *Plains Cotton Coop. Assn. c/ Goodpasture Computer Serv., Inc.*, 807 F2d 1256, 1 USPQ2d 1635 (CAFC 1987) (programme fournissant des informations sur les prix et les disponibilités du coton).

41 Broderbund Software Inc. c/ Unison World Inc., 648 F Supp 1127 (N.D. Cal. 1984).

42 Manufacturer's Technologies c/ CAM's Inc., 706 F Supp 984 (D. Conn. 1989).

rendue par la Cour du district nord de la Géorgie[43]. Mais c'est surtout la décision rendue par la suite par Cour fédérale d'appel dans l'affaire *Computer Associates* qui a établi une nouvelle approche[44]. En l'espèce, la Cour a rejeté la théorie du *look and feel* aux interfaces utilisateurs. Les juges ont considéré que ce test était en l'occurrence erroné pour deux raisons : il résultait d'une méconnaissance du logiciel ; il était inapproprié d'assimiler la fonction à l'idée en admettant, en conséquence, que tous les autres éléments du logiciel étaient protégeables.

27. Le cas *Computer Associates* a été l'occasion pour les juges de créer un nouveau test pour séparer les idées non protégeables de celles qui le sont. Il s'agit du test « *abstraction-filtration-comparaison* ». Cette méthode d'appréciation est composée de trois étapes. Le juge démembre d'abord le programme prétendu contrefaisant pour déterminer les parties de sa structure (*abstraction*). Il analyse ensuite ces parties pour déterminer si elles contiennent des idées ou des expressions, afin d'isoler les secondes, lesquelles forment l'unique objet de l'appropriation (*filtration*). Il lui revient enfin de comparer la structure dégagée avec la structure du programme prétendument contrefait (*comparaison*). Les deux premières

43 Digital Communication associates c/ Softclone Distributing, 659 F Supp 449 (N.D. Georgia 1987).

44 *Computer Associates International, Inc. c/ Altai, Inc.*, 982 F2d 693, 23 USPQ2d 124 (2nd Cir. 1992) (système d'organisation Oscar 3.4). V. *Batteman c/ Mnemonics, Inc.*, 79 F3d 1532, 38 USPQ2d 1225 (11th Cir. 1996) (système de diagrammes logiques pour parcmètres) ; *Kepner-Tregoe, Inc. c/ Leadership Software, Inc.*, 12 F3d 527 ; 29 USPQ2d 1747 (5th Cir. 1994) (système de management de participations dans une organisation) ; *Sega Enterprises., Ltd. c/ Accolade, Inc.*, 977 F2d 1510, 24 USPQ2d 1561 (9th Cir. 1992) (jeux vidéo compatibles avec la console de jeux vidéo Genesis) ; *Atari Games Corp. c/ Nintendo of Am., Inc.*, 975 F2d 832, 839, 24 USPQ2d 1015 (CAFC 1992) (jeux vidéo compatibles avec la console de jeux vidéo Nes) ; *CMAX/Cleveland, Inc. c/ UCR, Inc.*, 804 F Supp 337, 352, 26 USPQ2d 1001 (M.D. Ga. 1992) (système de location « pour chez soi ») ; *Gates Rubber Co. c/ Bando Chem. Indus., Ltd.*, 9 F3d 823, 28 USPQ2d 1503 (10th Cir. 1993) (système de calcul de ceintures en caoutchouc pour machines industrielles) ; *Apple Computer, Inc. c/ Microsoft Corp. And Hewlett-Packard Co.*, 35 F3d 1435 (10th Cir. 1994) ; *Lotus c/ Borland International, Inc.*, 49 F3d 807 (1st Cir. 1995).

parties de ce test permettent de mettre la substance du programme hors du champ de la protection. Ainsi, seul le régime du droit commun du droit d'auteur est applicable aux interfaces, qui ne sont plus envisagées comme des éléments du programme.

28. En Europe, nous relevons, en premier lieu, la controverse issue de l'affaire *Mortal Kombat*. En l'espèce, un distributeur avait sciemment distribué des cartes logiques contrefaisantes du jeu vidéo *Mortal Kombat*. Le distributeur arguait, pour sa défense, que les interfaces de ce jeu n'étaient pas couvertes par le droit d'auteur des logiciels. La Cour de cassation a adopté une vision unitaire du logiciel. Il a été jugé que le régime du droit des logiciels s'appliquait aux interfaces utilisateurs. La Cour a notamment considéré que « *que la programmation informatique d'un jeu électronique était indissociable de la combinaison des sons et des images formant les différentes phases du jeu, l'appréciation de ces éléments permet de déterminer le caractère original du logiciel contrefait* ».

29. La décision *Mortal Kombat* a divisé la doctrine entre les partisans d'une approche unitaire du logiciel[45], favorables à l'arrêt rendu, et les partisans de l'approche distributive[46], défavorables à cet arrêt. Depuis, la Cour de cassation a opéré un revirement de jurisprudence dans une décision rendue le 25 juin 2009[47]. La Cour de justice de l'Union européenne a également tranché en faveur de la conception distributive[48]. Il

45 X. LINANT de BELLEFONDS, « Jeux vidéo : le logiciel gagne des points », *Comm. com. électr.* 2003, étude 20 ; E. TREPPOZ, « La qualification logicielle d'un jeu vidéo : un modèle pour les œuvres multimédias », *LPA* 18 nov. 1999, p. 10.

46 Th. HASSLER, « Qualification du multimédia : plaidoyer pour une méthode de qualification », *Comm. com. électr.* 2000, étude 21 ; F. SARDAIN, « La qualification logicielle d'un jeu vidéo : une impasse pour le jeu vidéo », *JCP E* 2001, p. 312.

47 Cass. 1ère civ., 25 juin 2009, *RIDA* juillet 2009, p. 305, obs. P. SIRINELLI. V. Versailles, 18 novembre 1999, *D.* 2000, p. 205.

48 CJUE, 22 décembre 2010, C-393/09, *D.* 2011, p. 2164, obs. P. SIRINELLI.

a été jugé que la reproduction des interfaces utilisateurs, qui autorisent une interaction entre un utilisateur et l'ordinateur, n'exigeait pas la reproduction du logiciel. Ce ne sont, en effet, que de moyens permettant à l'utilisateur de tirer profit des fonctionnalités de ce programme[49]. Ces interfaces n'en constituent dès lors pas des formes d'expression[50]. Néanmoins, si cette interface constitue, en tant que telle, une œuvre au sens du droit commun du droit d'auteur elle est protégeable conformément aux règles de droit commun gouvernant la matière et doit, notamment, constituer une création originale (**2**).

2) Une création originale

30. La naissance du droit d'auteur dépend, en premier lieu, de l'existence d'une forme. A contrario, des idées, telles que les fonctionnalités, ne sont pas protégeables. Il faut ensuite que la forme en question soit originale. On considère traditionnellement qu'une réalisation est originale lorsqu'elle porte l'empreinte de la personnalité de son auteur[51], ou encore lorsqu'il s'agit d'une « *création intellectuelle propre à son auteur* »[52]. De fait, la notion d'originalité se révèle être floue puisque toute création artistique exige un travail intellectuel et constitue une création propre à son auteur. Ainsi, dans la pratique, les juges

49 *Ibid.*, considérant n° 41.

50 *Ibid.*, considérant n° 42.

51 H. DESBOIS, *Le droit d'auteur en France*, 3e éd., 1978, n° 3 et s., p. 5 et s. ; F. POLLAUD-DULIAN, *op. cit.*, n° 127 et s., p. 98 et s., v., spéc., n° 128, p. 100.

52 CJUE, 16 juill. 2009, aff. C-5/08, *Infopaq International A/S c/ Danske Dagblades Forening*, *D.* 2011, p. 2164, v., spéc., p. 2166, note P. SIRINELLI, *RTD com.* 2009, p. 715, note F. POLLAUD-DULIAN, *RTD eur.* 2010, p. 939, note E. TREPPOZ ; CJUE, 1er décembre 2011, aff. C-145/10, *Painer*, *RTD com.* 2012, p. 109, v., spéc., p. 118 et 120, note F. POLLAUD-DULIAN.

ont par exemple admis que des annuaires[53], qu'un guide[54] ou encore qu'un décapsuleur satisfaisait l'exigence[55]. Dans le célèbre arrêt *Pachot* la Cour de cassation a jugé que « (l'auteur d'un logiciel) *avait fait preuve d'un effort personnalisé allant au-delà de la simple mise en œuvre d'une logique automatique et contraignante et que la matérialisation de cet effort résidait dans une structure individualisée* [...], *la cour d'appel, qui a ainsi retenu que les logiciels conçus par Monsieur Pachot portaient la marque de son apport intellectuel, a légalement justifié sa décision de ce chef* ». Dorénavant, le véritable critère de l'originalité semble être l'existence d'un apport intellectuel[56]. Ainsi, une création formelle et originale sera de nature à donner naissance à un droit d'auteur et donc à toutes les prérogatives qui y sont attachées (**B**).

---

53 Cass. 1ère civ., 16 juin 1998, *RIDA* octobre 1998, p. 157, note A. KEREVER (annuaires de laboratoires) ; CA Paris, 19 juin 1984, *D.* 1985, p. 309, note C. COLOMBET (répertoire des agences de conseil en publicité) ; CA Paris, 29 septembre 2000, *JCP G* 2001, IV, 1400 (annuaire des opticiens) ; TGI Paris, 24 septembre 1976, *RIDA* juillet 1977, p. 155 (annuaire officiel des maires de France).

54 CA Paris, 14 décembre 1979, *RIDA* octobre 1980, p. 120 (guide Montpanorama) ; CA Paris, 1er avril 1993, *RIDA* janvier 1994, p. 357 (guide sur le tourisme rural) ; CA Paris, 5 avril 1994, *RIDA* octobre 1994, p. 301, note A. KEREVER ; CA Paris, 29 mars 2002, *Propr. intell.* 2002, n° 4, p. 61, note A. LUCAS (guides destinés aux homosexuels).

55 Cass. crim., 9 octobre 1974, *RIDA* juillet 1975, p. 176.

56 P.-Y. GAUTIER, *op. cit.*, n° 34 et s., p. 46 et s. ; A. LUCAS, H.-J. LUCAS, A. LUCAS-SCHLOETTER, *op. cit.*, n° 113 et s., p. 121 et s. V. Ch. LE STANC, « La protection des programmes d'ordinateur par le droit d'auteur dans les pays d'Europe continentale », *DB* 1979. IV (Christian LE STANC proposait de prendre en compte un « *effort intellectuel individualisé* ») ; M. VIVANT, « Brèves réflexions sur le droit d'auteur suscitées par le problème de la protection des logiciels », *Informatica e Diritto*, Florence 1984, p. 73 (Michel VIVANT proposait de prendre en compte une « *nouveauté dans l'univers des formes* »). V. F. SIIRIAINEN, « Libres propos et pensées sur la notion d'œuvre protégée et sa fonction... », *Propr. industr.* 2010, étude 10. V., néanmoins, A. LUCAS, P. SIRINELLI, « L'originalité en droit d'auteur », *JCP G* 1993, I, 3681. V., également, Cass. 1ère civ., 2 mai 1989, *JCP G* 1990, 21392, note A. LUCAS, *JCP E* 1990, II, 15751, note M. VIVANT , A. LUCAS, *RTD com.* 1989, p. 675, note A. FRANCON, *D.* 1990, p. 49, note C. COLOMBET ; Cass. crim. 7 octobre 1998, JCP E 1999, p. 1480, note GABLIN, SARDAIN ; Cass. 1ère civ., 2 mars 1999, *RIDA* juillet 1999, p. 309 ; CA Paris, 10 novembre 1994, *PIBD* 1995, III, p. 100 ; CA Versailles, 18 octobre 1996, *D.* 1997, p. 93, note C. COLOMBET.

B. Le contenu du droit

31. Le *reverse engineering* implique-t-il une atteinte au droit d'auteur portant sur un logiciel ? On l'a souvent jugé comme tel, en particulier dans le cas de la décompilation, parce qu'elle autorise un accès à un code source proche du programme étudié, et implique de la sorte une divulgation ainsi qu'une reproduction partielle du code initial. Mais plusieurs exceptions ont été adoptées en vue de sauvegarder la liberté de la recherche face à la propriété en garantissant la licéité du *reverse engineering* dans les situations suivantes : la décompilation (**1**), les actes d'observation, d'étude et de test (**2**) et la maintenance (**3**).

1) L'exception de décompilation

32. Disons-le d'emblée : la décompilation ne constitue qu'une partie du processus d'ingénierie inverse. Elle ne concerne que la traduction du langage machine en un langage évolué compréhensible pour l'Homme. On estime souvent que la décompilation permet d'accéder au code source. En réalité, un tel accès est impossible. Un décompilateur autorise seulement la détermination d'un langage évolué le plus proche possible du code source initial. Un véritable accès au code source exigerait un accès à l'ensemble des sources du programme, et en particulier aux nombreux commentaires insérés dans le code, qui sont indispensables à son entière compréhension[57].

57 H. CROZE, F. SAUNIER, « Logiciels : retour aux sources » : *JCP G* 1996, I, 3909. Ces sources sont constituées par « toutes les informations non publiques nécessaires à un professionnel de l'informatique pour modifier ou maintenir le logiciel considéré ». Cela comprend non seulement le code source, mais également l'ensemble des informations nécessaires à son intelligibilité (liste des instructions dans un langage de programmation évolué, indications nécessaires à l'intelligibilité du code source, description des structures de programmation, algorithmes, description des formats de fichiers ou des bases de données utilisés). L'accès aux sources implique donc que le programme soit documenté à cet effet. Cette documentation est proche du « *matériel de conception préparatoire* » éligible à la protection par droit d'auteur (art. L. 112-2 13° CPI).

33. Cette traduction d'un code objet en un code source constitue-t-elle un acte de contrefaçon au sens de la propriété littéraire ? La question a au départ été soulevée aux États-Unis, où la protection des logiciels par copyright a été admise pour la première fois. La cour d'appel du 5e circuit a reconnu la licéité de la décompilation dans l'affaire *Vault contre Quaid*[58]. En l'espèce, la société Vault commercialisait un logiciel de « plombage » (Prolock), qui visait la protection d'autres logiciels contre des copies non autorisées. Quaid, une société concurrente, a décompilé Prolock afin de développer un logiciel de « déplombage » (Ramkey) capable de neutraliser Prolock. Vault a engagé une action en contrefaçon sur le fondement du copyright à l'encontre de Quaid. Elle fondait son action sur trois arguments. D'abord, la reproduction temporaire du code de Prolock dans la mémoire vive de l'ordinateur ne constituait pas une copie licite du programme au sens de l'article 107 du Titre 17 du Code des États-Unis[59], lequel consacre une exception au droit de l'auteur en vertu de laquelle un « usage acceptable » (*fair use*) de l'œuvre n'est pas constitutif d'une contrefaçon[60]. Ce texte n'étant, selon la demanderesse, invocable que si la copie était réalisée pour faire fonctionner le logiciel afin d'en obtenir l'usage auquel il était destiné. Ensuite, le logiciel Ramkey constituait une œuvre dérivée contrefaisante. Enfin, Quaid n'avait pas respecté ses

---

58 *Vault Corp. v. Quaid Software Ltd.*, 847 F2d 255 (5th Cir. 1988). V. néanmoins J. Ginsburg, « *Reverse engineering* et protection du logiciel par le droit d'auteur aux États-Unis » : *Dr. informatique et télécoms* 1990, p. 89. Madame GINSBURG s'interroge toutefois sur la question de savoir si cette copie en vue de la neutralisation du logiciel rentrait véritablement dans le champ de l'exception : « *C'est une chose de démonter un logiciel dans un but éducatif* [...] *et une autre de le démonter afin de créer un logiciel concurrent* ». Il semble qu'en réalité cette question concerne davantage l'utilisation ultérieure qui est faite de l'œuvre que la décompilation elle-même (F. SARDAIN, *La propriété intellectuelle à l'épreuve des logiciels. L'exemple des interfaces*, thèse dactyl. université de Poitiers, 2002, n° 155, p. 144).

59 V. en ce sens, *MAI Systems Corp. v. Peak Computer, Inc.*, 991 F2d 511 (9th Cir. 1993). V. également T. LEWIS, « Reverse Engineering of Software : An Assessment of the Legality of Intermediate Copying », *Loy. L.A. Ent. L. Rev.* 2000, vol. 20, p. 561.

60 Art. 107 du Titre 17 du Code des États-Unis. V. J. C. GINSBURG & R. A. GORMAN, *Copyrights Law*, Foundation Press, Concepts and Insights Series, 2012, p. 178 s.

obligations contractuelles puisque, conformément au *Louisiana Software License Enforcement Act* de 1987, la licence d'utilisation de Prolock interdisait toute copie du programme dans quelque intention que ce soit, y compris en vue du *reverse engineering*. La décision de première instance, qui rejetait l'ensemble de ces arguments, a été confirmée en appel. Il a été jugé que rien n'indiquait que l'article 107 du Titre 17 du Code des États-Unis n'était invocable que pour une copie destinée à l'usage auquel son auteur l'avait destiné. Néanmoins, la reproduction temporaire qu'impliquait la décompilation ne constituait pas une contrefaçon et ne faisait donc pas intervenir la doctrine du *fair use*. Les juges ont aussi exclu la qualification d'œuvre dérivée. Ils ont également considéré que la *Louisiana Software License Enforcement Act* était inapplicable, car elle était contraire au *Copyright Act*, ce qui rendait nulle la stipulation incluse dans la licence d'utilisation de Prolock.

34. À l'inverse, dans l'affaire *Sega contre Accolade*, il a été jugé qu'en l'espèce la décompilation constituait une contrefaçon, même si dans son principe elle entrait dans le champ d'application du *fair use*[61]. Dans cette affaire, le système d'exploitation de la console Genesis, l'équivalent américain de la Megadrive européenne, fabriquée par la société Sega contenait un code de sécurité. Ce code devait impérativement figurer dans le programme tournant sur la machine du fabricant. Un éditeur de jeux, Accolade, avait cependant réussi à déterminer ce code via une décompilation, afin de faire tourner ses propres jeux sur la console Genesis. Sega a alors intenté une action en contrefaçon contre Accolade. La Cour d'appel fit droit à cette demande. En effet, l'exception de l'article 107 du Titre 17 du

61 *Sega Enterprises, Ltd. v. Accolade, Inc.*, 977 F2d 1510, 24 USPQ2d 1561 (9th Cir. 1992). V. J. E. Cohen, « Reverse Engineering and the Rise of Electronic Vigilantism: Intellectual Property Implications of « Lock-Out » Programs », *S. Cal. L. Rev.* 1995, vol. 68, p. 1091 ; D. S. KARJALA, « Copyright Protection of Computer Documents, Reverse Engineering, and Professor Miller », *U. Dayton L. Rev.* 1994, vol. 19, p. 975 ; P. Samuelson, « Fair use for Computer Programs and Other Copyrightable Works in Digital Form : The Implications of Sony, Galoob and Sega », *J. Intell. Prop. L.* 1993, vol. 1, p. 49 ; *Unbundling Fair Uses, Fordham L. Rev.* 2009, vol. 77, p. 2537, v. spéc. p. 2605 s.

Code des États-Unis ne pouvait pas être invoquée. Dès lors, la décompilation n'était pas en elle-même licite, comme cela avait été jugé dans le cas *Vault*. Toutefois, la Cour a considéré qu'une telle contrefaçon pouvait être justifiée, et donc non sanctionnée, si elle était le seul moyen d'accéder à des éléments – les interfaces en l'occurrence – non protégés par le *copyright* et pour lesquels des raisons légitimes justifiaient un accès libre. En d'autres termes : si l'argumentation diffère de celle adoptée dans l'affaire *Vault*, l'on aboutit à un résultat similaire : la décompilation n'est pas illicite par principe. Mais en la rattachant au *fair use* la Cour limite cette licéité aux cas d'interopérabilité[62]. Par la suite, la jurisprudence *Sega* a été suivie dans d'autres décisions qui ont également admis que le *reverse engineering* était couvert par l'exception du *fair use*. De manière générale, cette défense a été tantôt acceptée[63] tantôt rejetée[64].

35. Dans l'affaire *Nintendo*, le juge américain a assoupli sa position[65]. Les faits étaient identiques à ceux du précédent Sega. En l'espèce, la société Atari avait réalisé une décompilation pour accéder au code de sécurité de la console NES. La décision a été fondée sur l'exception du *fair use*, tout en retenant une position plus souple que dans l'affaire *Sega*. Ainsi, il a été jugé que la copie intermédiaire pour accéder aux idées et aux méthodes de fonctionnement d'une œuvre protégée est licite si elle se justifie. Autrement dit, la licéité de

---

62 R. H. STERN, « Reverse engineering of Software as Copyright Infringement – An Update : Sega Enterprises Ltd. v. Accolade Inc. », *EIPR* 1993, vol. 1, p. 35.

63 *Sony Computer Entm't, Inc. v. Connectix Corp.*, 203 F3d 596, 599 (9th Cir. 2000) ; *DSC Commc'ns Corps. v. DGI Techs., Inc.*, 81 F3d 597, 601 (5th Cir. 1996) ; *Batteman v. Mnemonics, Inc.*, 79 F3d 1532, 1539, 38 USPQ2d 1225 (CAFC 1996).

64 *DSC Commc'ns Corp. v. Pulse Commc'ns, Inc.*, 170 F3d 1354, 1363 (CAFC 1999) ; *Compaq Computer Corp. v. Procom Tech., Inc.*, 908 Fsupp 1409, 1421 (S.D. Tex 1995). V. P. SAMUELSON, « Comparing US and EC Copyright Protection for Computer Programs : Are They More Different than They Seem », *J.L. & Com.* 1994, vol. 13, p. 1279, v. spéc. p. 1285 s.

65 *Atari Games Corp. v. Nintendo of Am., Inc.*, 975 F2d 832, 839, 24 USPQ2d 1015 (CAFC 1992).

la décompilation n'est pas limitée à l'interopérabilité : elle est également licite de façon plus générale lorsqu'elle est effectuée afin de comprendre et de réutiliser des éléments non protégeables relevant du domaine des idées[66].

36. La décompilation est susceptible d'être licite au regard du droit américain, tant qu'elle constitue un « usage acceptable ». L'est-elle en Europe au regard de la législation du droit d'auteur ? Contrairement aux œuvres, le code objet d'un logiciel n'est jamais divulgué au public. L'opération de décompilation n'aboutit qu'à une divulgation partielle du code. S'agit-il pour autant d'une atteinte au droit de divulgation ? De plus, la décompilation exige des copies en mémoire vive et en mémoire masse. S'agit-il pour autant d'une atteinte au droit de reproduction ? C'est plus particulièrement cette dernière question qui a été le cœur d'une importante controverse. Désormais, l'article 6(1) a) de la directive 2009/24/CE concernant la protection juridique des programmes d'ordinateur prévoit expressément que la décompilation est permise, tout en la subordonnant à la satisfaction de certaines exigences.

37. L'article 6(1) de la directive 2009/24/CE prévoit que « *l'autorisation du titulaire des droits n'est pas requise lorsque la reproduction du code ou la traduction de la forme de ce code* […] *est indispensable pour obtenir les informations nécessaires à l'interopérabilité d'un programme de façon indépendante avec d'autres programmes* ». Seule la traduction du langage machine en un langage évolué est donc visée. Le texte précise en outre que la mise en œuvre de l'exception dépend de la réunion de plusieurs conditions : 1°) les actes doivent être accomplis par un utilisateur légitime, le licencié ou une personne jouissant du droit d'utiliser une copie d'un programme ou pour leur compte par une personne habilitée à cette fin ; 2°) les informations nécessaires à l'interopérabilité ne sont pas facilement et rapidement

66 G. PELLEGRIN, « Décompilation, l'Europe en retard d'une réforme », *Expertises* 1994, p. 270.

accessibles pour ces personnes ; 3°) ces actes sont limités aux parties du programme nécessaires à l'interopérabilité. L'exigence d'interopérabilité est essentielle. Elle répond à trois objectifs : l'accès aux éléments du programme non protégés (les fonctionnalités) ; l'augmentation de l'efficience des systèmes informatiques, les consommateurs ne devant pas demeurer prisonniers de certains de ces systèmes ; l'absence de limites imposées par des producteurs et qui auraient pour objectif de limiter la concurrence entre producteurs[67]. La décompilation ne remplissant pas ces exigences porte atteinte au droit d'auteur.

38. L'autorisation de décompiler constitue une exception au droit de propriété de l'auteur. Une telle exception est invocable si des conditions strictes sont remplies. Il ne s'agit en aucun cas d'une prérogative reconnue par le droit objectif, autrement dit, d'un droit subjectif[68]. Il n'existe pas de « droit » de décompilation. Ainsi, la décompilation est en soi une contrefaçon. Mais elle n'est pas sanctionnée si elle est effectuée dans un cadre précis. Pourtant, la cour d'appel de Caen dans une décision rendue dans une affaire *Skype* affirme l'inverse[69]. En l'espèce, deux informaticiens avaient décompilé le logiciel de communication Skype, puis ils avaient divulgué le code source trouvé sur internet. L'un des auteurs de la décompilation a été condamné tandis que l'autre a été relaxé. Selon la Cour, c'est « *l'utilisation des données obtenues par la décompilation, qui constitue le délit de contrefaçon* ». Le second programmeur n'avait donc pas participé au délit de contrefaçon : « *La décompilation du logiciel Skype ne constituant pas un acte de contrefaçon, aucun élément ne vient établir que M. D., qui le conteste, ait participé comme auteur, coauteur ou complice, y compris par voie de fournitures d'instructions ou de moyens, aux actes matériels contrefaisants (publication d'un fichier reproduisant le code source du*

67 J. DREXL, *What is Protected in a Computer Program ? Copyright Protection in the USA and Europe*, VCH, IIC Studies, vol. 15, 1994, p. 101.

68 *Vocabulaire juridique*, sous. la dir. G. Cornu, PUF, Quadrige, 2011, v. « droit ».

69 CA Caen, 18 mars 2015, *Le ministère public - Skype Ltd et Skype Software Sarl c/ D. Christian et O. Sean.*

logiciel Skype) ». Une telle motivation paraît surprenante. En effet, contrairement à ce que déclare la cour, c'est bien la décompilation qui constitue un acte de contrefaçon et non l'utilisation faite des données qu'elle permet d'obtenir.

39. C'est le plus souvent la question de l'interopérabilité qui cristallise les litiges relatifs à la décompilation. Et, de manière générale, les décisions rendues en la matière tendent à prouver que la technique, dans le domaine de l'informatique, demeure mal comprise par les juridictions. Nous en voulons d'abord pour preuve une décision rendue par la Cour de cassation le 20 octobre 2011[70]. En l'espèce, la société Fiducial informatique était titulaire du droit d'auteur relatif à un logiciel dénommé « H. open » destiné aux huissiers de justice. Le salarié à l'origine de ce programme a par la suite quitté la société Fiducial informatique pour proposer un logiciel concurrent. En l'occurrence, un huissier souhaitait changer de système pour faire migrer ses données vers un autre. Dans ce cas, la difficulté réside, pour l'utilisateur du premier programme, dans la récupération des données ou des fichiers issus de l'usage de cette solution logicielle, afin de continuer à les utiliser au sein du nouvel environnement. Une telle continuité exige une intervention sur le premier programme utilisé. La question posée à la Cour de cassation était donc la suivante : comment et dans quelles limites cette intervention est-elle envisageable ? Il a été jugé que « *l'interopérabilité est la capacité d'échanger des informations et d'utiliser mutuellement les informations échangées ; dès lors, la cour d'appel a, à bon droit, énoncé que les opérations de migrations de données, réalisées par M. X. et la société Alphapi, habilités à cette fin par les huissiers de justice titulaires de la licence d'utilisation du logiciel "H. Open", pour récupérer les fichiers de ce programme, s'inscrivaient dans les strictes nécessités de l'interopérabilité autorisée par l'article L. 122-6-1, IV du Code de la propriété intellectuelle (CPI) qui prévoit la nullité de toute stipulation contraire* ».

70 Cass. 1re civ., 20 oct. 2011, pourvoi n° 10-14.069 : *RTD com.* 2011, p. 760, obs. F. POLLAUD-DULIAN.

40. On peut penser que le raisonnement de la Haute juridiction judiciaire était légitime, dès lors qu'un utilisateur ne doit pas demeurer prisonnier d'un système propriétaire[71]. Cette décision et sa motivation paraissent pour autant discutables. L'article L. 122-6-1, IV du CPI prévoit seulement un droit de décompilation au profit d'un utilisateur pour lui permettre d'accéder à un langage évolué à partir de son langage machine. L'interopérabilité est la finalité justifiant une telle opération. À défaut d'une telle finalité, les actes de reproduction qu'exige la décompilation constituent des actes de contrefaçon. Or, aucune des conditions auxquelles la décompilation est subordonnée – hormis la finalité poursuivie – n'a été évoquée par la Cour de cassation. Les juges se sont contentés du but poursuivi, sans tenir compte du cadre dans lequel la décompilation était réalisée. Surtout, il semble que la Cour tienne les expressions « *échanges entre des séries d'instructions* » et « *migrations de données* » pour équivalentes. Pourtant, elles ne le sont pas. Il est impossible d'assimiler des instructions à des données. Seules les premières appartiennent à la forme du programme et génèrent des interfaces permettant la communication entre logiciels. La migration désigne un transfert unidirectionnel tandis que l'échange consiste dans une communication réciproque entre deux programmes. La migration de données est donc licite, sauf si les données sont protégées par le droit d'auteur. Seule une intervention visant la détermination d'instructions est couverte par l'exception de décompilation.

41. Par ailleurs, la décompilation est souvent confondue avec l'ingénierie inverse, alors qu'elle n'en constitue qu'une partie[72].

---

71 N. BINCTIN, « Migration de données et interopérabilité. – (comm. Cass. 1re civ., 20 oct. 2011, n° 10-14.069, F-P+B+I, SAS Fiducial Informatique v. DPSI) » : *Comm. com. électr.* 2012, étude 6.

72 V. notam. H. BITAN, « L'autonomie des droits de décompilation et d'analyse », in *Droit et technique. Études à la mémoire du Professeur Xavier Linant de Bellefonds*, Litec, 2007, p. 57, v. spéc. p. 57 ainsi que p. 59 s. ; B. EDELMAN, *Droit d'auteur. Droits voisins. Droit d'auteur et marché*, Dalloz, 2e éd., 1993, n° 381, p. 290 ; T. de Galard, Le *reverse engineering* est-il légal ? : *Expertises* 1992, p. 215. V. néanmoins P. BELLOIR, La décompilation d'une disquette est-elle

Cette erreur est susceptible d'aboutir à des conséquences regrettables. D'une part, elle laisse à penser que le *reverse engineering* est licite sous certaines conditions alors que ce n'est pas le cas. Seuls certains actes, comme la décompilation ou la maintenance, le sont quand ils respectent des exigences précises. Le *reverse engineering* d'un logiciel est en soi illicite[73], même si la jurisprudence ne la sanctionne pas au titre de la contrefaçon de logiciel lorsqu'aucune reprise du code du programme n'est prouvée[74]. D'autre part, une telle position peut aboutir à la confusion de la décompilation avec d'autres étapes de l'ingénierie inverse, qui demeurent licites, en particulier avec le désassemblage. Cette dernière confusion est certes compréhensible : les praticiens eux-mêmes, par abus de langage, confondent souvent les termes de « décompilation » et de « désassemblage ». Il s'agit pourtant de deux opérations distinctes. Le désassemblage permet de passer d'un langage machine à un langage assembleur, qui constitue un langage de bas niveau difficilement compréhensible pour l'Homme. La décompilation permet de passer d'un langage machine à un langage évolué d'un niveau plus élevé, dont la compréhension est bien plus aisée. À l'inverse, le langage assembleur est un langage cinq à dix fois plus long, ni structuré ni concis, très difficile à déchiffrer et au sein duquel on distingue mal les lignes d'instructions des données.

---

illicite ? : *Expertises* 1998, p. 190 ; S. ROZENFELD, *Reverse engineering* de logiciels. Des pratiques à double tranchant : *Expertises* 1991, p. 7 ; F. Sardain, préc., n° 147, p. 139.

73 F. SARDAIN, *op. cit.*, n° 180 s., p. 166 s. ; M. VIVANT, « Ingénierie inverse, ingénierie perverse ? », *préc.* ; *Lamy droit du numérique* 2012, n° 200, p. 126, v. spéc. p. 127.

74 Cass., 1civ., 3 mai 2018, n° 16-26.531, qui « *rejette des demandes fondées sur une rétro-ingénierie destinée à reconstituer le matériel préparatoire* » (et des interfaces graphiques) dès lors que le titulaire du droit d'auteur sur le logiciel « *n'établissait pas la reprise d'éléments protégés par ce droit* » (en revanche, l'arrêt confirme la condamnation pour parasitisme en raison des « *nombreuses captures d'écran du logiciel* » qui « *caractérisent une appropriation du savoir-faire* »). Pour une appréciation critique : J. DAUZIER, « L'arrêt Toyata/3DSoft de la Cour de cassation : vous avez dit reverse-engineering ? », *Dalloz IP/IT*, 2018, p. 627.

42. Cette confusion de la décompilation et du désassemblage est prégnante en droit américain[75]. Néanmoins, elle est aussi apparue en Europe. Une décision rendue en 2006 par la cour d'appel de Paris semble réaliser une confusion de ce type[76]. En l'espèce, Guillaume T., chercheur en biologie à l'université de Harvard, avait désassemblé un logiciel de sécurité (Viguard). Dans un premier temps, il en avait détecté les failles grâce à un désassemblage et au réassemblage des versions qu'il avait téléchargées frauduleusement sur internet. Dans un second temps, il avait réalisé des logiciels capables de neutraliser Viguard. Une action en contrefaçon a été intentée à l'encontre de Guillaume T. Concernant l'élément matériel de l'infraction, la cour constate que le désassemblage constitue un acte de contrefaçon. Les juges déclarent notamment « *que la pratique du désassemblage d'un logiciel n'est licite que dans les strictes hypothèses prévues par l'article L. 122-6-1 - IV du CPI, mais constitue une contrefaçon dès lors que comme en l'espèce, l'auteur de la manipulation, non titulaire des droits d'utilisation, n'agit pas à des fins d'interopérabilité et met à disposition des tiers (les internautes) les informations obtenues* ».

43. Le passage suscité peut être interprété de deux manières. Soit la cour confond les deux démarches : le désassemblage mérite un traitement identique parce qu'il est assimilable à la décompilation. Soit la cour considère que le désassemblage est une opération similaire à la décompilation. Ces interprétations impliquent l'une autant que l'autre une confusion entre deux opérations distinctes. Le désassemblage n'implique pas une traduction du langage machine en un langage évolué. Son seul but est de dégager le langage assembleur. Certes, ce dernier

---

75 La confusion a été réalisée dans la décision *Sega v. Accolade.* préc. V. également D. L. HAYES, « The Legality of Disassembly of Computer Programs », *Computer L.J.* 1993, vol. 12, p. 1 ; C. McMANIS, « Intellectual Property Protection and Reverse Engineering of Computer Programs in the United States and the European Community » : *High Tech. L.J.* 1993, vol. 8, p. 25. Mais cette confusion résulte certainement du fait que la décompilation soit admise en vertu de l'exception du *fair use.* En effet, le *fair use* paraît autant en mesure d'englober la décompilation que le désassemblage.

76 CA Paris, 21 févr. 2006 : *Juris-Data* n° 2006-311713 ; *Expertises* 2006, p. 366 ; *Propr. industr.* 2007, comm. 8, note J. SCHMIDT-SZALEWSKI.

peut s'avérer être plus ou moins proche d'un langage évolué. Mais, il n'en demeure pas moins nettement distinct, puisque nettement moins précis. Les termes employés par la cour sont inexacts. Nous en déduisons que le désassemblage serait en soi illicite, et qu'il ne serait autorisé que sous réserve de satisfaire les mêmes conditions que la décompilation. Or, en réalité, le désassemblage est en soi licite, sans avoir à respecter lesdites conditions. Il est bien trop éloigné du code source pour que l'on puisse le qualifier d'acte de contrefaçon, il relève davantage de l'observation, de l'étude ou du test, à laquelle une exception est également consacrée (**2**).

2) Les exceptions d'observation, d'étude et de test

44. L'article 5(3) de la directive 2009/24/CE concernant la protection juridique des programmes d'ordinateur dispose que « la personne habilitée à utiliser une copie d'un programme d'ordinateur peut, sans l'autorisation du titulaire du droit, observer, étudier ou tester le fonctionnement de ce programme afin de déterminer les idées et les principes qui sont à la base de n'importe quel élément du programme, lorsqu'elle effectue toute opération de chargement, d'affichage, d'exécution, de transmission ou de stockage du programme d'ordinateur qu'elle est en droit d'effectuer ».

45. La Cour de justice a précisé les contours de ce droit d'observation, d'étude et de test du fonctionnement du programme d'ordinateur dans sa décision C-406/10 rendue le 2 mai 2012[77]. En l'espèce, l'exception était invoquée par la société WPL qui souhaitait, avec le développement d'un

77 CJUE, 2 mai 2012, aff. C-406/10, *SAS Institute Inc. c/ World Programming Ltd.* : *D.* 2012, p. 2836, obs. P. SIRINELLI : *JCP E* 2012, p. 1489, note M. VIVANT, N. MALLET-POUJOL et J.-M. BRUGUIÈRE : *Propr. industr.* 2012, comm. 61, note N. BOUCHE.

logiciel alternatif, accéder à un marché occupé par un programme développé par la société SAS Institute. La demanderesse invoquait faisait notamment valoir le contrat de licence qui interdisait l'étude, l'observation et le test du programme. La Cour a jugé que la liberté offerte à l'utilisateur par le biais de l'exception était d'ordre public. Toute clause visant à retirer le bénéfice de cette faculté à l'utilisateur légitime est donc nulle. Une telle solution n'est pas étonnante pour un juriste français, dans la mesure où l'article L. 122-6-1 du CPI la consacrait déjà. Au-delà de la simple observation, l'utilisateur doit également être en mesure d'assurer la maintenance de son logiciel (**3**).

3) L'exception de maintenance

46. L'article 5(1) de la directive 2009/24/CE relative à la protection juridique des programmes d'ordinateur prévoit que sa reproduction et sa traduction sont autorisées quand elles sont nécessaires pour permettre à l'acquéreur légitime du programme de l'utiliser conformément à sa destination, notamment pour corriger des erreurs. Ce texte autorise autrement donc la maintenance informatique. Mais en quoi consiste précisément la maintenance informatique ? L'arrêté du 30 décembre 1983 sur l'enrichissement du vocabulaire relatif à l'informatique définit la maintenance comme l'ensemble des actions « *tendant à prévenir ou à corriger les dégradations d'un matériel afin de maintenir ou de rétablir sa conformité aux spécifications* », précisant que le mot ne doit pas être seulement employé pour les « *améliorations fonctionnelles ou de performances apportées à chaque nouvelle version d'un logiciel* »[78]. Selon l'article 95 M, annexe 2 du Code général des impôts, « *les activités qui relèvent du secteur de la maintenance* [...] *sont celles qui concourent, pour l'essentiel, à l'entretien ou à la réparation du matériel technique de production de biens ou de services exploités dans l'un des secteurs mentionnés à ce même alinéa* ». Par conséquent, la maintenance implique la correction des éventuelles erreurs que

78 A. min. 30 déc. 1983 : *JO* 19 févr. 1983, p. 1740.

contiendrait le programme. Cela explique que la jurisprudence ait déjà admis que les contrats de fourniture et de maintenance de logiciels étaient indivisibles[79]. Finalement, la maintenance constitue l'ensemble des prestations nécessaires pour « maintenir » un système informatique dans un état de fonctionnement conforme au contrat de fourniture de matériel ou de logiciel.

47. L'article 5(1) de la directive susvisée autorise expressément la maintenance corrective. Qu'entend-on par « maintenance corrective » ? Celle-ci intervient à chaque fois qu'un problème se fait jour afin d'y apporter une solution pour y remédier le plus rapidement possible. On peut séparer la maintenance corrective proprement dite de la maintenance curative, laquelle a une portée moins vaste. L'entretien curatif concerne seulement la réparation de pannes tandis que l'entretien correctif tend à remédier aux causes des pannes[80].

48. Pourrait-on étendre la notion de maintenance corrective en considérant qu'elle comprenne également la maintenance évolutive et qu'elle permette ainsi de faire évoluer le logiciel ? Une controverse sémantique est née à ce propos. Doit-on dans ce cas parler de « maintenance » ou de « suivi » ? Deux arguments militent en faveur du terme de « suivi ». D'abord, le mainteneur n'est tenu que d'une obligation de moyens. Ensuite, le caractère hétérogène du contrat de suivi tient à ce que l'utilisateur attend à ce titre davantage que le simple maintien des performances ou la correction d'erreurs. Il veut pérenniser son investissement avec la correction des erreurs inévitables et l'adaptation à un nouvel environnement, voire l'amélioration des performances, avec la fourniture de nouvelles versions. Finalement, on parle improprement de « maintenance évolutive », dans la mesure où cette expression

---

79 Cass. com., 18 sept. 2002 : *Expertises* 2003, p. 149 ; Cass. com., 2 déc. 2008, n° 07-16.707 : *Juris-Data*, n° 2008-046119.

80 P. LE TOURNEAU, *Contrats informatiques et électroniques*, Dalloz, Dalloz Référence, 7e éd., 2013, n° 7.15, p. 311.

désigne un service par lequel le fournisseur ou un prestataire agréé par lui prend en charge les évolutions techniques visant à enrichir progressivement le logiciel en fonction du contexte technique. Nous opterons par conséquent pour le terme de « suivi » dans les développements à venir[81]. Ce suivi évolutif peut être distingué d'un suivi adaptatif consistant à maintenir la compatibilité du logiciel avec un certain environnement.

49. L'autorisation d'intervention pour garantir un usage du logiciel conforme à sa destination permet-elle d'admettre un suivi évolutif ou un suivi adaptatif ? Le Tribunal de l'Union européenne a répondu à cette question par une décision rendue le 16 décembre 2010 dans l'affaire *Systran*[82]. La société Systran produit des logiciels de traduction automatique. De 1987 à 2002, elle a réalisé un programme adapté aux besoins de la Commission européenne : « EC-Systran ». La Commission a obtenu une licence d'utilisation pour ce programme. Par ailleurs, en 2003, elle a lancé un appel d'offres pour la maintenance et le renforcement linguistique de ce système. Il s'agissait de confier à l'attributaire du marché la réalisation d'améliorations, d'adaptations et d'ajouts de routines linguistiques. Le but de cet appel d'offres était ainsi

---

81 « Contrats informatiques » *in J.-Cl. Contrats – Distribution*, fasc. 2410 (25 juill. 2001), n° 98, par I. de LAMBERTERIE ; A. HOLLANDE et X. LINANT DE BELLEFONDS, *Les contrats informatiques*, Delmas, 6e éd., 2008, n° 712, p. 174, v. spéc. p. 175 ; J. HUET & MAISL, *Droit de l'informatique et des télécommunications*, Litec, 1989, n° 432 s., p. 405 s. ; A. Lucas, J. DEVÈZE & J. FRAYSSINET, *Droit de l'informatique et de l'internet*, PUF, Thémis droit privé, 2001, n° 802, p. 540. V. néanmoins P. LE TOURNEAU, *op. cit.* P. LE TOURNEAU constate que la maintenance évolutive « *est faussement nommée ; en effet, il s'agit en ce cas d'une prestation d'ingénierie (ou plus précisément, selon le vocabulaire américain de* reengineering, *c'est-à-dire de reconfiguration). La pratique tend à assimiler à la maintenance évolutive le "suivi" de logiciel ou de progiciel, ce qui est contestable* » (n° 7.15.1, p. 311). En effet, selon l'auteur, « techniquement, modifié un logiciel, consiste toujours à développer un nouveau programme à l'intérieur de l'ancien » (n° 7.41.1, p. 318).

82 TUE, 16 déc. 2010, aff. T-19/07, *Systran SA et Systran Luxembourg SA c/ Commission européenne* : *RIDA* janv. 2011, p. 243, obs. P. SIRINELLI. La décision en cause a été infirmée par la CJUE, mais sur un fondement juridique différent. V. CJUE, 18 avr. 2013, C-103/11, *Commission européenne c/ Systran SA et Systran Luxembourg SA*.

de confier le suivi évolutif et adaptatif du logiciel à un tiers. Systran a estimé que les opérations envisagées constituaient des actes de contrefaçon. Le Tribunal de l'Union lui a donné raison en jugeant, notamment, que ce qu'autorise la directive ce n'est qu'une maintenance corrective et non des suivis évolutif ou adaptatif.

50. L'approche retenue par la jurisprudence *Systran* devrait, à notre sens, être nuancée. L'article 5(1) de la directive dispose expressément que l'utilisateur bénéficie d'un droit de maintenance corrective. Qu'en est-il du suivi ? Il n'est pas évoqué par le texte. Le programme d'ordinateur est une chose évolutive. On pourrait dès lors penser que son suivi est licite. Néanmoins, il paraît excessif de reconnaître cette licéité du seul fait du caractère évolutif du logiciel. La question centrale est en réalité de savoir si la modification envisagée est nécessaire à une utilisation du programme conforme à sa destination. L'évolution consistant à apporter des améliorations est sans aucun doute illicite. Des opérations comme la mise à jour du programme (*updating*) ou l'amélioration du programme (*specifications enhancements*) relèvent du contrôle de l'auteur. En revanche, l'adaptation garantissant que le programme puisse être utilisé conformément à sa destination est licite[83].

51. Une distinction devrait être faite entre l'adaptation (suivi adaptatif), qui est licite, et l'évolution (suivi évolutif), qui ne l'est pas. Si un programme devient inutilisable en raison de circonstances extérieures, son adaptation est licite. Il en va par

83 CA Versailles, 26 févr. 1999 : *D.* 1999, 97. Rappr. Y. BISMUTH, Un logiciel doit vivre : *Expertises* 1990, p. 433, v. spéc. p. 435. V. néanmoins J. HUET & H. MAISL, op. cit., n° 432, p. 407 citant CA Paris, 20 mai 1986 (pas d'adaptation à l'entrée en vigueur d'un nouveau plan comptable) : « *il s'avère que le constructeur était seulement tenu de maintenir l'appareil en bon état de marche et n'était aucunement obligé, faute de dispositions expresses en ce sens, de prendre en compte les changements qui pourraient intervenir après la conclusion du contrat dans le plan comptable* […] » et CA Paris, 27 févr. 1987. V. également, CA Paris, 20 févr. 2009 : *Juris-Data* n° 2009-375693.

exemple ainsi si des règles de comptabilité sont modifiées par les pouvoirs publics. Dans ce cas, des modifications du programme sont nécessaires pour qu'il puisse fonctionner conformément à ces nouvelles règles. Mais ce type de suivi doit demeurer exceptionnel. L'on ne peut l'admettre que s'il est justifié par des circonstances insurmontables, étrangères à la volonté de son utilisateur. Une décision rendue le 28 octobre 2010 par la cour d'appel de Caen va au-delà en admettant un suivi évolutif ayant conduit à l'ajout de nouvelles fonctionnalités[84]. En l'espèce, une polyclinique avait pris l'initiative d'ajouter des modifications au logiciel de gestion dont elle détenait une licence. La polyclinique avait réalisé des corrections et ajouté de nouvelles fonctionnalités. Le titulaire du droit avait intenté une action en contrefaçon à son encontre. La Cour a rejeté cette demande, parce que les interventions avaient été effectuées en vue de la « *survie professionnelle* » de la polyclinique. Les fonctionnalités développées étaient indispensables pour assurer la continuité de l'activité de l'établissement. Une utilisation du logiciel sans adaptation aurait constitué « *une menace pour la survie de la Polyclinique du Parc et une source de risque pour ses patients* ». Cette décision retient une vision étendue de la maintenance paraissant liée aux circonstances de l'espèce. La polyclinique avait fait appel au mainteneur et elle n'était intervenue qu'en l'absence de réaction de celui-ci, en vue de la survie de l'établissement. Une approche aussi large ne devrait donc pas être systématique. Elle offre cependant une nouvelle perspective vers une conception plus compréhensive des adaptations nécessaires au fonctionnement du logiciel conformément à sa destination, y compris, par exemple, lorsque l'adaptation vise le rétablissement de la compatibilité avec la nouvelle version d'un système d'exploitation tiers.

52. La forme d'expression d'un programme d'ordinateur, son code source, est susceptible d'être l'objet d'un droit d'auteur. Or, l'ingénierie inverse notamment sous la forme de la décompilation, implique une divulgation et une reproduction

---

84 CA Caen, 28 oct. 2010 : *RIDA* janv. 2011, p. 289, obs. P. SIRINELLI.

partielles, et donc une atteinte audit code. Cela explique que des exceptions spécifiques aient été instaurées pour éviter que la liberté de la recherche ne soit entravée dans le secteur de l'informatique. Aucune exception de ce type n'a été prévue en droit des brevets. Une telle absence s'explique par le rejet initial de la propriété industrielle pour les logiciels. Sa reconnaissance par la jurisprudence contemporaine conduit à s'interroger sur l'éventuel impact du droit des brevets sur l'ingénierie inverse (**§ 2**).

§ 2 Le droit des brevets

53. Il est généralement admis que le droit d'auteur à l'opposé du droit des brevets ne protège que la forme d'expression d'une idée, mais non l'idée en tant que telle[85]. En d'autres termes : il n'autorise une protection que de la forme et non du fond (**A**). S'agissant d'un logiciel, par exemple, une invention concernera une fonctionnalité et non son expression par le biais d'un code source. Nous pouvons alors aisément comprendre comment le droit des brevets pourrait intervenir pour faire obstacle à l'ingénierie inverse. Il est même susceptible de constituer de la sorte la protection juridique la plus efficace contre le *reverse engineering*, d'autant plus qu'il ne contient pas d'exceptions qui soient comparables à celles du droit d'auteur. L'exemption relative à l'expérimentation pourrait toutefois, sous certaines conditions, restreindre l'étendue du droit du breveté dans ce cas (**B**).

A. Objet du droit

54. L'article 52 (2) de la Convention sur le Brevet européen (ci-après « CBE »), repris en substance est par l'article L. 611-10 du CPI, énumère une liste d'éléments ne pouvant, en tant que

85 H. DESBOIS, *Le droit d'auteur en France*, Dalloz, 3e éd., 1978, p. 22.

tels, être considérés comme des inventions. Une quatrième condition d'invention a été inférée d'une lecture *a contrario* de ces textes[86]. L'invention étant définie comme la solution technique à un problème technique[87], la « condition » d'invention se réduit, de fait, à une exigence de caractère technique[88].

55. Les inventions mises en œuvre par ordinateur font intervenir des programmes d'ordinateur, lesquels sont, **en tant que tels**, exclus du domaine de la brevetabilité par la Convention de Munich. L'aspect logiciel de ces réalisations constitue ainsi une source de difficultés, en particulier parce que la distinction entre une invention et le programme la mettant en œuvre est délicate.

56. L'on admet dorénavant que ces inventions mises en œuvre par ordinateur sont brevetables[89]. Originellement, la brevetabilité de ce type d'inventions a suscité des difficultés tant aux États-Unis qu'en Europe. La Cour suprême américaine avait ainsi considéré que la demande relative à un convertisseur de nombres décimaux en nombres binaires n'était pas

---

86 Cass. crim., 22 mai 1979, *Précibio* : *DB* 1979. VI. 1 ; CA Paris, 13 décembre 1990 : *Ann. propr. ind.* 1991, p. 35 ; CA Aix-en-Provence, 29 janvier 2004 : *Stamboulis c/ INPI*, RG n° 03/13161 ; CA Paris, 5 juin 2009, *Kone c/ Azpitarte*, RG n° 07/20589 ; CA Paris, 26 février 2016, *Sesame Active System c/ INPI*, RG n° 15/01962 ; TGI Paris, 7 janvier 1986 : *PIBD* 1986, n° 391, III, p. 192 ; TGI Paris, 18 novembre 2016, *Xaga c/ Ewala*, RG n° 13/11351. V., néanmoins, TGI Paris, 13 mars 2015, *SEPPIC c/ Arch UK Biocides Ltd*, RG n° 12/13753.

87 V. M. DHENNE, « L'évolution du concept juridique d'invention dans la jurisprudence européenne », *Légicom* 2014/2, n° 53, p. 37.

88 M. DHENNE, *Technique et droit des brevets*, LexisNexis, Bibl. dr. entreprise, 2016. V. M. DHENNE, « *The Assessment of the Technicality of Computer-Implemented Inventions in Europe* », *EIPR* 2018, p. 295 ; « Réflexions sur le critère de la contribution technique » : *RLDI* 2014/108, n° 3575 ; « La notion de caractère technique en droit des brevets » : *Propr. intell.* 2015, n° 56, p. 253 ; Caractère technique : définition et appréciation de l'exigence de caractère technique en Europe, *JCl. Brevets*, fasc. 4270 (1er juin 2020).

89 V. Les inventions mises en œuvre par ordinateur : enjeux, pratiques et perspectives, LexisNexis, coll. CEIPI, 2019, passim.

recevable[90]. La Cour avait jugé qu'en l'espèce l'invention revendiquée consistait essentiellement dans un algorithme. Un algorithme ne produit aucune transformation de la Nature. Dès lors, il n'est pas qualifiable d'invention de procédé au sens de l'article 101 du Titre 35 du Code des États-Unis. Un tel algorithme, qui en tant que tel n'est pas brevetable, est à distinguer de la machine le réalisant, qui l'est. Cette position a cependant été assouplie par la Haute juridiction dans l'affaire *Diamond contre Diehr*[91] et la cour d'appel du circuit fédéral reconnaît, depuis le début des années quatre-vingt-dix, en particulier depuis la jurisprudence *Alappat*[92], que les revendications programme produit sont admissibles[93]. La décision *Alice*, récemment rendue par la Cour suprême, ne remet pas en cause cette position, bien qu'elle semble aboutir à une limitation de la recevabilité des demandes relatives aux méthodes d'affaires[94]. En Europe, la notion de caractère technique a permis à l'OEB puis aux juridictions nationales d'admettre progressivement la protection des inventions informatiques.

57. Une invention mise en œuvre par ordinateur implique toujours un programme d'ordinateur, voire une méthode commerciale ou encore une présentation d'informations. Cette relation particulière avec les exclusions forme le motif pour lequel l'appréciation de la brevetabilité de ce type d'inventions se résume souvent à l'appréciation de leur technicité. Les

---

90 *Gottschalk v. Benson*, 409 US 63, 175 USPQ 673 (1972). V. D. S. Chisum, The Patentability of Algorithms : *U. Pitt. L. Rev.* 1986, vol. 47, p. 959.

91 *Diamond v. Diehr*, 450 US 175, 209 USPQ 1 (1981).

92 *In re Alappat*, 33 F3d 1544, 31 USPQ2d 1557 (CAFC 1994). Comp. *In re Schrader*, 22 F3d 290, 30 USPQ2d 1455 (CAFC 1994). V. R. H. Stern, Federal Circuit Equates Methods of doing Business to Algorithms for Patentability Purposes, In re Schrader : *EIPR* 1994, vol. 16, p. 496.

93 *Court of Appeal of the Federal Circuit* (CAFC) : Cour d'appel exclusivement compétente en matière de brevets depuis 1982.

94 *Alice Corp. v. CLS Bank Int'l*, 134 S. Ct. 2347 (2014). Cette interprétation de la décision ressort de la jurisprudence ultérieure des districts courts et de la *Court of Appeal of the Federal Circuit*. V. notam. *DDR Holdings, LLC v. Hotels.com, L.P.*, 773 F.3d 1245 (CAFC 2014). V. M. DHENNE, *L'arrêt Alice de la Cour Suprême des États-Unis : l'adieu au pays des merveilles ?*, *Propr. industr.* 2016, étude 9.

développements consacrés à cette dernière dans la jurisprudence française restent toutefois rares et hâtifs. D'autant plus que les méthodes d'appréciation employées par les juridictions varient d'un cas à un autre. Nous avons toutefois réussi à en identifier au moins quatre utilisées par-ci par-là : l'approche de l'élément essentiel (**1**) l'approche de la contribution technique (**2**), l'approche de l'effet technique supplémentaire (**3**) et l'approche de l'interprétation littérale (**4**).

1) L'approche de l'élément essentiel

58. En application de la théorie de l'élément essentiel, une chose est technique lorsque son élément essentiel l'est. Cette approche comporte trois étapes : la décomposition ; la délimitation ; la caractérisation. La décomposition implique de distinguer les parties techniques et non techniques de l'invention revendiquée. On délimite ensuite son élément essentiel, c'est-à-dire celui sans lequel l'invention n'existerait pas. On caractérise enfin la technicité ou l'absence de technicité dudit élément.

59. Cette théorie de l'élément essentiel est apparue dans les premières jurisprudences relatives à l'exclusion de la brevetabilité des programmes d'ordinateur. L'article 7 (2) de la loi du 2 janvier 1968 excluait déjà la protection des « *programmes ou séries d'instructions pour le déroulement des opérations d'une machine calculatrice* ». La question s'était alors posée de savoir si ce texte s'opposait à la brevetabilité d'une machine mise en œuvre à l'aide d'un logiciel. Le rapport de la réunion du Conseil supérieur de la propriété industrielle du 15 septembre 1967 évoque à ce sujet une distinction entre la machine calculatrice, non brevetable, où le programme joue un rôle central, et la machine opératrice, brevetable, où le programme ne joue qu'un rôle accessoire[95]. Une distinction identique a été retenue

95 J.-M. MOUSSERON, « La protection des programmes d'ordinateur », *in La protection des résultats de la recherche face à l'évolution des sciences et techniques, Colloque*

par les parlementaires[96] puis par l'AIPPI[97]. Mathély explique cette distinction ainsi : « *Une machine calculatrice est celle qui fournit seulement une information ; elle se distingue de l'opératrice, qui transmet les ordres de fonctionnement à d'autres machines. Par conséquent, en vertu de la règle de l'interprétation stricte de l'exception, il faudrait considérer que les programmes pour machines opératrices ne sont pas visés par la loi* »[98].

60. La différenciation entre machine calculatrice et machine opératrice a été écartée par la Cour d'appel de Paris dans l'arrêt rendu dans l'affaire *Mobil Oil* en 1973[99]. Une demande de brevet avait alors été déposée pour un dispositif d'obtention, par l'intermédiaire d'une collection de pigments colorés, d'une composition de peinture identique à celle utilisée pour un objet prédéterminé. Ce dispositif était mis en œuvre par un ordinateur. La demande a été rejetée par le directeur de l'INPI au motif qu'elle visait un programme d'ordinateur. Ce rejet a été confirmé en appel. Il a plus précisément été jugé qu'en 1968 le législateur avait manifesté sa volonté d'exclure la brevetabilité de tous les programmes d'ordinateur. La Cour semblait de la sorte refuser la brevetabilité de toutes les inventions mises en œuvre par des logiciels. La chambre commerciale de la Cour de cassation a confirmé cette décision, tout en effectuant une substitution de motifs, afin d'évincer une partie de la motivation retenue en appel[100]. On pouvait en déduire que la mise en œuvre d'une invention par un programme, qui n'y joue qu'un rôle accessoire, ne s'opposait pas à la brevetabilité de cette invention.

(actes du colloque organisé par le CEIPI à Strasbourg les 12, 13 et 14 octobre 1967), Litec, coll. CEIPI, t. 3, 1969, p. 118.

96 *Rapport de la commission des lois* : *JOAN*, Doc. n° 42, 1ère Session 1967-1968, p. 17.

97 Question 57, *Rapport. Protection des programmes d'ordinateur – Protection du logiciel*, *Annuaire AIPPI* 1975, III, p. 69.

98 P. Mathély Note ss. CA Paris, 22 mai 1973, *Ann. propr. ind.* 1973, p. 275.

99 CA Paris, 22 mai 1973, *Ann. propr. ind.* 1973, p. 275, note P. Mathély.

100 Cass. com., 28 mai 1975, *PIBD* 1975, n° 155, III, p. 349, *Ann. propr. ind.* 1975, p. 217, note P. Mathély.

61. L'enseignement tiré de l'arrêt de la Cour de cassation dans l'affaire *Mobil Oil* a été confirmé par la décision *Schlumberger* rendue en 1981 par la Cour d'appel de Paris. Une demande de brevet avait alors été déposée pour un système de prospection pétrolière. Il s'agissait de déterminer, grâce à un nombre limité de forages, la présence ou l'absence de pétrole dans le sol. Un ordinateur, commandé par un programme, réalisait les calculs nécessaires à la production d'une courbe correspondant aux caractéristiques du sol sondé. L'homme du métier pouvait déduire la présence ou à l'absence de pétrole dans le sol à partir de cette courbe. Cette demande a été rejetée par le directeur de l'INPI au motif qu'elle concernait un programme d'ordinateur. Le rejet a été infirmé en appel. Il a été jugé que l'invention revendiquée reposait dans un procédé technique, même si son exécution dépendait d'un programme[101]. La Cour a retenu que ce dernier était, en tant que tel, exclu du domaine de la brevetabilité, mais que le dispositif technique qu'il mettait en œuvre était brevetable. Une machine dans laquelle le programme ne jouait qu'un rôle accessoire était donc brevetable.

62. La Cour d'appel de Paris a récemment appliqué cette approche, afin de rejeter la protection d'une invention portant sur un moteur de recherches, dans l'affaire *Dassault c/ Sinequa* du 16 décembre 2016[102]. Il s'agissait d'analyser la technicité des étapes d'un procédé en tenant compte à chaque fois du rôle de l'intervention de l'utilisateur.

63. La théorie de l'élément essentiel implique de se focaliser sur la structure de l'invention pour en dégager l'élément fondamental. Ce dernier déterminera la nature technique ou non technique de l'invention. Une telle approche exige donc

---

101 CA Paris, 15 juin 1981, *PIBD* 1981, n° 285, III, p. 175, *Ann. propr. ind.* 1982, p. 26, note P. Mathély.

102 CA Paris, 16 déc. 2016, *JurisData* n° 2016-027594 ; *PIBD* 2017, n° 1065, III, p. 74. V. notre article, « L'affaire Exalead ou de l'usage du caractère technique comme d'un pot-pourri », *Propr. industr.* 2017, étude 20.

de désigner l'élément essentiel de l'invention. On en vient, de fait, à rechercher quel est l'élément dans lequel réside son aspect inventif. Pourtant, au stade de l'éligibilité à la protection, seul l'examen de la technicité devrait importer. L'activité inventive constitue une condition de brevetabilité autonome qui sera examinée par la suite. En outre, la théorie de l'élément essentiel nie l'existence de la combinaison nouvelle de moyens connus, dès lors qu'elle fait nécessairement obstacle à la brevetabilité d'une structure composée de deux éléments non brevetables. Enfin, cette approche se singularise par une vision structurelle de l'invention ne tenant pas compte de sa fonction. L'approche de la contribution technique a été imaginée en vue d'éviter cet écueil et de focaliser l'appréciation de la technicité sur la fonction de l'invention (**2**).

2) L'approche de la contribution technique

64. La notion de contribution technique fit pour la première fois son apparition dans une directive d'examen de l'OEB publiée en 1985[103]. Elle implique d'examiner l'invention revendiquée dans son ensemble pour rechercher si elle apporte une contribution à l'état de la technique. La nature de l'apport de l'invention est le critère de qualification de sa technicité : si cet apport est technique, la chose l'est également, si cet apport n'est pas technique, la chose ne l'est pas non plus.

65. Seule une décision française évoque la contribution technique en ce sens : c'est un jugement rendu par le Tribunal de grande instance de Paris dans l'affaire *Starsight c/ Numéricable* le 7 juin 2013[104]. Le brevet en cause portait sur un procédé et un

103 *Dir. relatives à l'examen pratiqué à l'Office européen des brevets*, partie C, chap. IV, 2.1 (mars 1985).

104 TGI Paris, 7 juin 2013, RG n° 10/08326. V. M. DHENNE, « Réflexions sur le critère de la contribution technique », *RLDI* 2014/108, n° 3575. Comp. High Court of Justice, 26 mars 2014, *Starsight Telecast Inc. c/ Virgin Media Ltd.*, *EWCH (Pat.)* 2014, p. 828.

appareil pour accéder à l'information sur des programmes de télévision. Ce brevet a été exploité jusqu'à son expiration, dans plusieurs pays, dont la France, sous forme de licences accordées à des opérateurs de réseaux télévisés et à des fournisseurs de matériel de contrôle interactif des programmes télévisés. Une action en contrefaçon a été introduite par le breveté. Les défenderesses ont formé une demande reconventionnelle en annulation du brevet. La question soulevée à propos de la validité du titre était la suivante : l'invention revendiquée vise-t-elle une présentation d'informations dont la brevetabilité est exclue par L. 611-10 (2) CPI ? Dans leur décision du 7 juin 2013, les juges retiennent, en premier lieu, que « *la brevetabilité d'une invention doit s'apprécier de manière globale au regard de l'invention revendiquée* ». Ils indiquent, en second lieu, qu'« *à ce stade de l'examen de la validité, il n'y a pas lieu de rechercher la nouveauté ou l'activité inventive de l'invention [...] en revanche, l'appréciation de sa brevetabilité suppose de déterminer la contribution technique que le brevet revendique* ». Ces postulats posés, l'invention revendiquée a été qualifiée de présentation d'informations. Il a ainsi été jugé que le brevet ne comportait aucune indication révélant l'existence d'une contribution technique. Par ailleurs, le Tribunal a aussi rappelé, via un *obiter dictum*, qu'un programme d'ordinateur n'était pas une caractéristique brevetable.

66. Cette approche fondée sur la contribution technique génère de nombreuses critiques proches de celles déjà adressées à l'encontre de la théorie de l'élément essentiel. Il faut d'abord rechercher quel est l'apport de la chose pour ensuite qualifier cet apport. La recherche de la contribution technique impose de délimiter le cœur de l'invention, autrement dit l'élément dans lequel réside son aspect inventif. L'unique différence distinguant cette méthode de la théorie de l'élément essentiel est l'absence de pondération des éléments techniques et non techniques. Cette spécificité est toutefois fondamentale dans la mesure où elle permet de reconnaître la technicité de choses dont la structure n'est pas essentiellement technique. L'appréciation de la technicité est focalisée sur l'apport de la combinaison et non sur les éléments combinés. Autrement dit, cette appréciation est concentrée sur la fonction accomplie par l'invention et non sur sa structure. La contribution technique, axe de la méthode, n'est cependant pas définie. Une chambre de recours de l'OEB s'est autrefois bornée à indiquer que cette contribution pouvait se situer dans l'effet technique produit par l'enseignement, dans le problème résolu et dans les moyens le résolvant[105]. Une consultation de la Commission européenne durant les discussions relatives au projet de directive sur les inventions mises en œuvre par ordinateur indique qu'« *il y a contribution technique lorsque, par exemple, des aspects techniques doivent être pris en considération pour aboutir à l'invention mise en œuvre par ordinateur et faisant l'objet d'une demande de brevet* »[106]. Voici une évidence peu utile : la conception d'une invention comportant une contribution technique implique des considérations techniques[107]. En outre, le raisonnement est circulaire en ce qu'on en arrive à une autre question : qu'est-ce qu'une considération technique ? Quoi qu'il en soit, le Tribunal de grande instance de Paris a rejeté la prise en compte desdites considérations dans sa décision du 7 juin 2013, bien qu'il s'y soit référé dans une décision antérieure[108]. L'approche de la contribution technique permet en fin de compte d'adopter une vision moins stricte du domaine de la brevetabilité tout en continuant de faire obstacle aux revendications de programme-produit, le critère de l'effet technique supplémentaire lève ce dernier obstacle (**3**).

---

105 OEB, ch. rec. tech. 3.5.1, 16 avril 1993, T 833/91, *Simulation of computer program external interfaces/IBM*, point 3.1 (méthode de design d'interfaces graphiques externes).

106 *Brevetabilité des inventions mises en œuvre par ordinateur*, Document de consultation établi par les services de la Direction générale du marché intérieur, oct. 2000, p. 8.

107 Cette notion de considérations techniques est issue de la jurisprudence de l'OEB : OEB, ch. rec. tech. 3.5.1, 31 mai 1994, T 769/92, *Système de gestion universel c/ Sohei* : *JOOEB* 1995, p. 525. V. notre fascicule, « Le caractère technique », *JCl. Brevets*, fasc. 4270 (15 août 2017), n°s 39 et s.

108 TGI Paris, 20 juillet 2006, *Cafetel c/ Index Multimedia*, RG n° 02/11198.

3) L'approche de l'effet technique supplémentaire

67. L'approche de l'effet technique supplémentaire est apparue avec la décision T 1173/97 (*IBM I*) rendue par la chambre des recours techniques 3.5.1 le 1er juillet 1998[109]. Elle consiste à ne pas tenir compte du premier effet technique si c'est un effet ordinaire et/ou trivial (le courant électrique produit par l'insertion du programme dans l'ordinateur, par exemple). L'invention sera au contraire brevetable si elle produit un second effet technique outre ce premier effet.

68. La notion d'effet technique supplémentaire a été employée par la Cour d'appel de Paris dans une décision rendue dans l'affaire *Malemont et OrdiPat* en 2005[110]. Une demande de brevet avait alors été déposée pour un procédé de dépôt de marque. Cette demande a été rejetée par le directeur général de l'INPI au motif qu'elle portait sur une méthode intellectuelle relevant du domaine des activités économiques. La Cour a confirmé le rejet. Il a été jugé que le procédé, qui consistait dans la réalisation d'une méthode de dépôt non technique par des moyens techniques connus, n'était pas brevetable. Les juges ont précisé que l'intervention d'un logiciel pour la mise en œuvre de la méthode ne rendait pas l'ensemble protégeable dans la mesure où ce logiciel ne produisait pas d'effet technique supplémentaire.

69. De même, la décision rendue par le Tribunal de grande instance de Paris dans l'affaire *Xaga c/ Ewala* le 18 novembre 2016 s'appuie, implicitement certes, sur l'effet technique supplémentaire[111]. Le brevet en cause concernait un système

---

109 OEB, ch. rec. tech. 3.5.1, 1er juill. 1998, T 1173/97, *Produit programme d'ordinateur c/ IBM* : *JOOEB* 1999, p. 609.

110 CA Paris, 9 septembre 2005, *Malemont et Ordipat c./ Directeur de l'INPI*, RG n° 00/12397.

111 TGI paris, 18 novembre 2016, *Xaga c. Ewala*, RG n° 13/11351.

de gestion d'applications, autrement dit sur une interface utilisateur. La défenderesse estimait que le système était un programme d'ordinateur en tant que tel dont la brevetabilité était exclue au titre de l'article 52 (2) c) CBE. Le Tribunal a admis cette interprétation, parce qu'il s'agissait d'un logiciel dont l'effet technique n'était pas prouvé. Or, tous les programmes produisent au moins un effet technique avec le courant électrique qu'ils génèrent. Autrement dit, le Tribunal exigeait ainsi, *a fortiori*, la preuve d'un effet technique supplémentaire par rapport à la production d'un courant électrique.

70. À première vue, l'approche bâtire sur l'effet technique supplémentaire paraît autoriser une distinction nette entre la technicité, d'une part, et la nouveauté et l'activité inventive, d'autre part. Un examen plus approfondi du critère prouve néanmoins que leur confusion perdure. L'effet technique supplémentaire est celui qui caractérise l'invention. Il est donc nécessairement censé être issu de l'activité inventive. Surtout que l'absence de définition du critère rend son utilisation difficile en pratique. Nous savons, par exemple, qu'en matière d'informatique le courant électrique produit par l'insertion d'un logiciel dans une machine ne constitue pas un effet à prendre en compte. Mais peut-on prendre en compte un effet postérieur engendré par l'invention dans la machine ? À l'inverse, l'effet technique supplémentaire serait-il forcément extérieur à la machine ? In fine, on en arrive à la sempiternelle question : comment caractériser la technicité ? Les difficultés de mise en œuvre de cette approche expliquent, pour partie, l'apparition de l'approche de l'interprétation littérale (**4**).

4) L'approche de l'interprétation littérale

71. L'approche de l'interprétation littérale provient de la décision T 258/04 rendue par la chambre de recours techniques 3.5.1

de l'OEB dans l'affaire *Hitachi* en 2004[112]. Il s'agit d'interpréter littéralement l'article 52 (2) CBE : un élément non technique intégré à un ensemble technique suffit pour fonder sa technicité. Seule une contribution inventive de nature technique est cependant susceptible de remplir la condition d'activité inventive. On déplace donc l'examen de la technicité au stade de l'examen de l'activité inventive après avoir contourné l'article 52.

72. Le jugement rendu dans l'affaire *Infomil c/ Atos* rendu en 2007 est la première décision française faisant référence à cette approche[113]. Le brevet en cause portait sur un dispositif, un procédé et un système informatique d'encaissement pour délivrer automatiquement des billets d'avantages commerciaux. Il a été jugé que la méthode intellectuelle réalisée par le dispositif n'empêchait pas la brevetabilité de l'invention relative à ce dernier. En revanche, le défaut d'activité inventive motivait l'annulation du brevet. Le but de l'invention était en effet de « *personnaliser les différents types de billets, en enregistrant le règlement et les avantages commerciaux et en délivrant plusieurs sortes de billets, celui du paiement et celui des avantages qui peuvent être autres que des réductions* ». Or, « *cette caractéristique différente est apportée au sein d'un système déjà conçu et ne demande aucun effort inventif ; il suffit à un technicien informatique de programmer cette caractéristique supplémentaire dans le contenu d'un des fichiers déjà en place pour obtenir cette amélioration et aucune activité inventive n'est alors déployée* ». Il ressort de ce motif que la revendication de moyens techniques connus garantit la technicité d'une invention portant sur une méthode intellectuelle. La contribution inventive doit cependant être technique. La nullité a été en l'espèce prononcée parce que cette contribution résidait dans

---

112 OEB, ch. rec. tech. 3.5.1, 21 avril 2004, T 258/03, *Méthode d'enchères/Hitachi*, *JOOEB* 2004, p. 575, point 3.5. V. *RTD com.* 2006, p. 341, obs. J.-Ch. GALLOUX, *Propr. intell.* 2005, n° 16, p. 352, obs. B. WARUSFEL.

113 TGI Paris, 20 novembre 2007, *Infomil c/ Atos*, RG n° 01/11641. V. S. BOUVIER-RAVON, « La brevetabilité d'un système informatique : selon quels critères ? », *Expertises* 2008, n° 321, p. 17.

la délivrance d'avantages commerciaux, laquelle ne constituait pas une contribution inventive de nature technique

73. Plus récemment, dans une affaire opposant la société Thalès au directeur général de l'INPI, la cour d'appel de Paris semble avoir rendu la première décision française retenant une position conforme à la jurisprudence dite « Hitachi » (T 258/03) pour reconnaître la brevetabilité d'une invention mise en œuvre par ordinateur[114].

74. Thales avait déposé une demande de brevet français portant sur un procédé d'affichage temporel de la mission d'un aéronef. Une décision de rejet lui avait été notifiée. Le rejet était fondé sur deux motifs : la demande visait une présentation d'informations en tant que telle, dont l'article L. 611-10 (2) du CPI exclut la brevetabilité ; ledit objet de la demande ne permettait pas l'établissement d'un rapport de recherche, faute de caractéristiques techniques suffisantes. Cette décision a été annulée par la cour d'appel de Paris. La cour rappelle, à titre liminaire, qu'une présentation d'informations a pour but de transmettre des informations, se singularisant ainsi autant par le contenu cognitif de ces dernières que par la façon de les présenter. En l'occurrence, la revendication 1, qui était en cause, se caractérisait comme suit : d'une part, en ce que les différentes étapes étaient affichées dans une première fenêtre graphique comportant une échelle graduée en temps ou *timeline* , les différentes étapes étant affichées au regard de l'horaire correspondant à leur accomplissement ; d'autre part, en ce que si la longueur de la *timeline* était supérieure à la longueur de la première fenêtre graphique, la fenêtre graphique n'affichait plus qu'une partie de la *timeline*, partie imposée par l'utilisateur du dispositif de

114 V. M. DHENNE, « L'arrêt Thalès du 21 mai 2019 : une ouverture pour les inventions mises en œuvre par ordinateur en droit français ? », *Propr. industr. 2019, étude 25.* V. égale. en ce sens TJ Paris, 6 févr. 2020, RG n° 18/02372, pour une appréciation critique v. M. DHENNE, « Le caractère technique : parent pauvre de la brevetabilité », *JCP E* 2020, 1516.

visualisation. La cour juge que si la première caractéristique n'implique effectivement qu'une transmission d'informations, non brevetable, il n'en va pas de même pour la seconde caractéristique, qui constitue un moyen technique, de telle sorte que ce moyen distinct de l'information *per se* rend la revendication recevable dans son ensemble. Parallèlement, la cour rejette l'argument selon lequel il était impossible d'établir un rapport de recherche, rappelant qu'un tel argument relève d'un examen de l'insuffisance de la description, lequel ne relève pas du pouvoir de rejet du directeur de l'INPI.

75. Il est intéressant de noter que la Cour précise bien que la première caractéristique, jugée non technique, était « centrale » dans le brevet. Cela ne l'a pas empêchée de juger que la seule présence d'un moyen technique permettait de considérer l'invention brevetable dans son ensemble. C'est ainsi la première fois que le juge français retient nettement un raisonnement s'apparentant à l'approche Hitachi pour reconnaître la validité d'un titre et non pour l'annuler, comme cela avait été le cas dans l'affaire Infomil. Cette position apparaît d'autant plus remarquable que le rejet de l'INPI était lié à un refus d'établissement du rapport de recherche provenant de l'examinateur de l'OEB. La demande française a en effet été envoyée à l'OEB pour la recherche d'antériorités, comme c'est le cas pour toutes les demandes françaises ne revendiquant pas une priorité étrangère. Et l'examinateur de l'OEB a refusé d'effectuer la recherche au motif que les revendications « se rapportaient à un processus abstrait et générique d'affichage de données, indépendamment de toute technologie. Cet objet est exclu de la brevetabilité, comme toute méthode abstraite de représentation graphique en tant que telle, car il est équivalent à une méthode mathématique ». En d'autres termes, l'examinateur de l'OEB n'a même pas pris la peine d'examiner la demande, considérant qu'il était évident que l'invention revendiquée constituait une présentation d'informations.

76. L'argument selon lequel un rapport de recherche ne pouvait pas être établi paraissait, de fait, peu convaincant. En effet, il ressort effectivement des textes que les examinateurs, notamment à l'OEB, ne peuvent refuser d'établir un rapport de recherche que s'il est effectivement impossible d'effectuer une recherche significative (pour l'OEB la règle 63 des Règles d'application de la CBE prévoit cette possibilité précisément « si l'Office européen des brevets estime que la demande de brevet européen n'est pas conforme aux dispositions de la convention, au point qu'une recherche significative sur l'état de la technique ne peut être effectuée au regard de tout ou partie de l'objet revendiqué »), sauf concernant le cas particulier des demandes euro-PCT pour lesquelles l'article 39 du règlement d'exécution du PCT prévoit expressément qu'une recherche peut ne pas être effectuée au seul motif que la demande porte sur un élément exclu de la brevetabilité, telle une présentation d'informations. Cette pratique du refus d'établissement du rapport de recherche en présence d'exclusions de la brevetabilité, qui s'est développée depuis une dizaine d'années à l'OEB au sein des divisions d'examen compétentes dans le secteur de l'informatique, semble donc, à notre sens, prendre la facilité pour mauvais guide tout en portant une atteinte injustifiable à la sécurité juridique, dans la mesure où elle paraît un tant soit peu arbitraire.

77. Ce rejet d'examen surprend d'autant plus que la jurisprudence de l'office touchant précisément aux présentations d'informations est subtile. L'OEB a souvent estimé que des caractéristiques permettant une meilleure visualisation de l'information n'impliquaient pas de contribution technique. Ainsi, l'utilisation d'un code couleurs pour afficher la solidité de structures de bâtiments plutôt que des valeurs numériques a, par exemple, été jugée comme ayant des effets subjectifs dépendant de la personne destinataire, donc des effets de nature non technique[115]. De même, un procédé pour entrer des données avec une disposition particulière des champs de

115 OEB, CRT 3.5.01, 30 avr. 2008, T 1567/05, *Designing of building structures c/ ENU.*

saisie (avec un nombre de lignes de champs, une orientation des lignes, et une séparation entre les champs) permettant à l'utilisateur de mieux capter la nature de la donnée à entrer et ainsi « réduire le fardeau cognitif de l'utilisateur » a été qualifié de présentation d'information en tant que telle[116]. Cependant, en 2013, la Chambre de recours techniques 3.5.06 a estimé, dans la décision T 0862/10, qu'un système de notification capable d'afficher à un utilisateur sur un ou plusieurs écrans un objet informatif (par exemple de type fenêtre *pop-up)* et d'employer des sons différents aidant l'utilisateur à localiser la position de l'objet informatif impliquait une présentation d'informations de nature technique[117]. Il a en particulier été jugé que l'affichage combiné à un son spécifique simplifiait la localisation de la position de l'élément informatif par l'utilisateur, et que ledit effet ne dépendait pas de facteurs psychologiques ou autres facteurs subjectifs, mais de paramètres techniques pouvant être définis précisément, notamment fondés sur la physiologie humaine.

78. Mais cet arrêt semble déjà, en quelque sorte, anachronique, car la réforme de l'INPI issue de la loi PACTE confie davantage de pouvoir à l'INPI dans le cadre de l'examen des demandes de brevets français. La loi PACTE instaure, en effet, une procédure d'opposition devant l'INPI et un examen de l'activité inventive par ce dernier[118]. L'établissement d'un examen de l'activité inventive au stade de la procédure de délivrance a entre autres pour objectif d'améliorer la qualité

---

116 OEB, CRT 3.5.06, 2 août 2012, T 1741/08, *GUI layout c/ SAP*.

117 OEB, CRT 3.5.06, 15 mai 2013, T 0862/10, *Notification system c/ Microsoft*. – V. également en ce sens OEB, CRT 3.4.03, 31 mars 2016, T 1375/11. - V. néanmoins OEB, CRT 3.4.03, 14 avr. 2016, T 651/12.

118 L. 22 mai 2019, n° 2019-486 relative à la croissance et à la transformation des entreprises, *JO* 23 mai 2019, texte n° 2 (respectivement articles 121 et 122. Pour des commentaires de cette réforme V. M. DHENNE et E. PY, Le projet de loi PACTE, du discours et de la méthode, *Propr. industr.* 2018, alerte 65 ; M. DHENNE, Loi PACTE : en attendant le prochain épisode à l'Assemblée nationale, *Propr. industr.* 2019, alerte 17 ; « L'imprescriptibilité des actions en nullité : to be or not to be ? », *Propr. industr.* 2019, alerte 8.

des brevets français et de faciliter leurs éventuelles annulations.

79. Concernant précisément l'examen de la demande, il est réformé par une modification de l'article L. 612-12 du CPI notamment à son 4°, dont le mot « manifestement » est supprimé, à son 5° et son 7°, qui disposent dorénavant respectivement qu'est rejetée la demande de brevet « dont l'objet ne peut être considéré comme une invention au sens du 2 de l'article L. 611-10 » et/ou « dont l'objet n'est pas brevetable au sens du 1 de l'article L. 611-10 ». La procédure de délivrance contrôlée établie par la nouvelle rédaction de l'article L. 612-12 entrera en vigueur dans un délai d'un an après la promulgation de la loi

80. Ainsi, l'office français pourra bientôt soulever le défaut d'activité inventive. Or, dans la demande de brevet objet de l'arrêt, il s'agissait certainement de l'aspect le plus important. La cour était uniquement interrogée sur l'application de L. 611-10 du CPI et L. 612-12 du CPI, qui concernent respectivement les exclusions de la brevetabilité et l'insuffisance de la description. Mais l'approche Hitachi, telle qu'elle a été appliquée par la cour de Paris, impliquera, après l'entrée en vigueur de la loi PACTE, que l'INPI recherche si la contribution inventive est de nature technique. Rien n'était moins sûr que le caractère technique de ladite contribution en l'espèce, puisque la cour a jugé que la fenêtre graphique comportant une *timeline*, jugée « centrale » dans la revendication en cause, n'a pas été jugée technique. Cette implémentation en France de la méthode initiée à l'Office européen des brevets pourra, en tout cas, utilement s'inspirer des jurisprudences fondatrices de ce dernier dans le secteur de l'informatique[119].

---

119 Nous pensons notamment à la jurisprudence COMVIK. V. M. DHENNE, obs., *Propr. industr.* 2018, chron. 12.

81. **81.** – Cette approche de l'interprétation littérale a été unanimement désapprouvée par la doctrine française[120]. Les critiques visent autant la méthode que la solution à laquelle elle aboutit. Du point de vue de la méthode, le test élaboré par la chambre de recours techniques 3.5.01 est fondé sur un contournement des exclusions de la brevetabilité posées par l'article 52 (2) CBE. Il suffit de revendiquer des moyens techniques connus pour contourner une exclusion. En outre, on s'emploie à apprécier la technicité au stade de l'examen de l'activité inventive, alors que technicité et inventivité sont deux exigences distinctes. Du point de vue de la solution, cette jurisprudence équivaut à une disparition du domaine de la brevetabilité instauré par la disposition susvisée. On ouvre ainsi les portes du droit des brevets à tous les types de réalisations. Cela laisse craindre des débordements, notamment avec les méthodes commerciales. À notre sens, ces critiques visant l'approche de l'interprétation littérale devraient néanmoins être nuancées. Il est vrai que l'approche est en elle-même discutable. Le lien étroit existant entre technicité et inventivité ne suffit pas à justifier leur confusion, dès lors que ces exigences ont été nettement distinguées dans la Convention de Munich, qui connaît une condition autonome d'activité inventive à son article 56. On en vient, en outre, à faire de la technicité une notion floue, à apprécier la brevetabilité au cas par cas. Toutefois, si la méthode de l'interprétation littérale est en elle-même critiquable, la solution à laquelle elle aboutit est, selon nous, à approuver. Il ne faut pas oublier que le domaine de la brevetabilité tel qu'il est posé par la Convention de Munich est trop restreint et confus et que l'approche de l'OEB permet de surpasser ce texte défectueux au profit, finalement, d'une appréciation du caractère technique plus compréhensive quant au champ du droit des brevets.

---

120 J. PASSA, *Traité de droit de la propriété industrielle. T. 2. Brevets d'invention. Protections voisines*, Litec, Traités, 2013, n° 86, p. 111 ; B. WARUSFEL, obs. précitées, *Propr. intell.* 2005, n° 16, p. 352.

82. En fin de compte, la conception jurisprudentielle actuelle des inventions mises en œuvre par ordinateur est suffisamment libérale pour inclure la protection des algorithmes, autrement dit les fonctions des logiciels. Cette couverture par le brevet est de nature à faire obstacle à l'ingénierie inverse, même s'il demeure toujours envisageable d'invoquer l'exception consacrée aux actes expérimentaux (**B**).

B. Contenu du droit

83. S'agissant de l'étendue de l'appropriation par un droit de brevet, elle est fonction de deux critères : la teneur des revendications du brevet (CPI, art. L. 613-2) et les actes que le droit permet d'interdire[121]. Il revient donc à l'inventeur, en pratique au conseil en propriété industrielle, de fixer lui-même l'objet du droit au moment il dépose sa demande de brevet. De plus, les articles L. 613-3 et L. 613-4 du CPI délimitent de propriété de manière négative en énumérant les actes auquel le droit permet de faire obstacle. Selon ces dispositions, le droit de brevet confère à son titulaire la possibilité d'interdire à tout tiers, en l'absence de son consentement : la fabrication, l'offre, la mise dans le commerce, l'utilisation ou bien l'importation ou la détention à ces fins du produit objet du brevet ; l'utilisation d'un procédé objet du brevet ou, lorsque le tiers sait ou lorsque les circonstances rendent évident que l'utilisation du procédé est interdite sans le consentement du propriétaire du brevet, l'offre de son utilisation sur le territoire français ; l'offre, la mise dans le commerce ou l'utilisation ou bien l'importation ou la détention à ces fins du produit obtenu directement par le procédé objet du brevet ; la livraison ou l'offre de livraison sur le territoire français à une personne autre que celle habilitée à exploiter l'invention brevetée, des moyens de mise en œuvre de cette invention se rapportant à un élément essentiel de celle-ci lorsque le tiers sait ou lorsque les circonstances rendent évident que ces moyens sont aptes

121 F. POLLAUD-DULIAN, *Propriété intellectuelle. La propriété industrielle*, Économica, Corpus droit privé, 2010, n° 552, p. 306

et destinés à cette mise en œuvre. Il est à noter que la loi évoque un « droit d'interdire » et donne ainsi une conception négative de ce qu'est le droit de brevet. Pourtant, il s'agit bien d'un droit positif, d'une forme de propriété. D'ailleurs, le délit de contrefaçon s'analyse précisément comme l'atteinte illégitime portée aux prérogatives du breveté. C'est une atteinte au droit de propriété portant sur la chose incorporelle de l'invention.

84. Cependant, l'article 27 de la Convention sur le brevet communautaire, signée en 1975 à Luxembourg, exempt plusieurs types d'actes de la qualification de contrefaçon. Malgré l'absence d'entrée en vigueur de la Convention, la plupart des pays européens ont intégré ces exemptions dans leurs droits positifs respectifs[122]. Aux États-Unis, l'article 271(e)(1) du Titre 35 du Code des États-Unis prévoit des exemptions du même genre[123]. Cette limitation du droit du breveté concerne d'une part des actes réalisés à titre privé sans finalité commerciale et d'autre part des actes réalisés à titre expérimental. En France, elle est prévue à l'article L. 613-5 du CPI.

85. Parmi les tolérances admises, celle relative aux actes expérimentaux est la plus souvent invoquée. Cette disposition

122 W. R. CORNISH, « Experimental Use of the Patented Invention In European Community States : *IIC* 1998, vol. 7, p. 735. V. T. COOK, *A European Perspective as to the Extent to which Experimental Use, and Certain Other, Defences to Patent Infringement, Apply to Differing Types of Research, A Report for the Intellectual Property Institute*, July 2006, § 3.1 s., p. 15 s.

123 Traditionnellement, l'exception était conçue strictement, conformément à la définition donnée par ROBINSON. V. W. C. ROBINSON, *The Law of Patent for Useful Inventions*, Vol. 1, Little Brown and Co., 1890, § 355, p. 488. Faisant suite à de nombreuses propositions doctrinales à la fin des années 80, le Congrès américain a néanmoins modifié la loi afin que cette exemption soit souplement entendue pour être étendue aux essais cliniques. V. R. S. EISENBERG, « Proprietary Rights and the Norms of Science in Biotechnology Research » : *Yale L. J.* 1987, vol. 97, p. 177 (1987) ; « Science Patents and the Progress of Science: Exclusive Rights and Experimental Use » : *U. Chi. L. Rev.* 1989, vol. 56, p. 1017.

a pour but d'éviter que l'octroi d'un droit de brevet ne soit de nature à compromettre l'évolution de la recherche. Les actes expérimentaux autorisés doivent être circonscrits par deux critères : la finalité des actes et leur objet. En somme, il ne peut s'agir que d'actes réalisés dans le but de faire progresser la recherche. L'exemption n'est donc pas invocable quand les agissements en cause visent directement ou indirectement la commercialisation d'une chose incorporant l'enseignement technique protégé[124]. A contrario, les agissements n'ayant pas une finalité commerciale immédiate sont permis.

86. L'exemption destinée aux actes d'expérimentation couvre-t-elle l'ingénierie inverse, notamment la décompilation de programmes d'ordinateur ? Cette traduction du code objet en code source exige nécessairement une reproduction partielle du programme, dont l'enseignement technique est protégé par un brevet et le code source par un droit d'auteur. D'ailleurs, l'atteinte au droit qu'implique la décompilation a incité le législateur à prévoir une disposition destinée à l'autoriser. Aucune disposition de ce type n'a été prévue en droit des brevets. L'on peut estimer que l'exemption destinée à la réalisation d'actes expérimentaux est applicable à la décompilation, ainsi qu'aux actes d'ingénierie inverse de manière plus générale. Mais dès lors que cette décompilation débouchera sur une réutilisation commerciale de ses résultats, on en reviendra à la qualification de contrefaçon. En effet, l'exemption relative aux expérimentations vise uniquement à garantir la liberté de la recherche. Elle ne s'applique pas quand les essais ont pour objectif la commercialisation ultérieure d'un produit ou l'offre de l'utilisation d'un procédé. L'exercice du droit de brevet pour s'opposer à l'ingénierie inverse peut donc rester un moyen efficace, malgré l'exemption de recherche. Par conséquent, l'admission de la brevetabilité des inventions informatiques conduit à se poser dans le champ du droit des brevets la question de savoir dans quelles conditions et limites faudrait-il favoriser une certaine liberté d'ingénierie inverse, comme en droit d'auteur, afin d'encourager la recherche et le

124 TGI Paris, 22 nov. 1996, *PIBD* 1997, III, p. 571.

développement au-delà de la simple et restreinte exemption pour expérimentation ?

87. Le droit de brevet permet en principe de s'opposer à tous les actes d'expérimentation dont l'objectif est la commercialisation ultérieure d'un produit ou l'offre de l'utilisation d'un procédé. L'exemption de recherche n'est invocable que lorsqu'il n'existe pas une telle finalité commerciale. Le droit de brevet est ainsi l'instrument le plus efficace pour faire obstacle au *reverse engineering*. Le droit sui generis des bases de données, qui ne connaît aucune restriction, pourrait aussi constituer un instrument efficace.

88. L'ingénierie inverse peut permettre d'accéder à une base de données dont l'accès est restreint. Or, le contenu d'une base de données est protégeable par une forme de propriété intellectuelle sui generis[125]. Ce droit subjectif se différencie du droit d'auteur tant par les exigences auxquelles sa reconnaissance est subordonnée que par son régime. La forme de la base de données demeure par ailleurs protégée par un droit d'auteur, à condition d'être originale (**§ 1**). Le producteur d'une base de données est en mesure d'interdire l'extraction et la réutilisation du contenu de la base (**Section 2**).

---

125 P. CATALA, « Au-delà du droit d'auteur », in *Écrits en hommage à Jean Foyer. Auteur et législateur. Leges tulit, jura docuit*, PUF, 1997, p. 215, v. spéc. p. 217 s. ; D. de SAINT-AFRIQUE, « Le droit *sui generis* sur les bases de données » : *Comm. com. électr.* 2004, chron. n° 5. La qualification de « propriété intellectuelle » nous paraît néanmoins inappropriée. En réalité, nous sommes certes en présence d'une propriété incorporelle, mais pas d'une propriété intellectuelle. La chose incorporelle de la base de données ne bénéficie pas du « supplément d'âme » caractérisant une chose intellectuelle. V. sur le concept de propriété intellectuelle J.-C. GALLOUX, « Qu'est-ce que la propriété intellectuelle ? », in *Droits de la propriété intellectuelle. Liber amicorum Georges Bonet*, Litec, IRPI, t. 36, 2010, p. 199, v. spéc. p. 206.

SECTION II. LA BASE DE DONNÉES

89. L'ingénierie inverse est susceptible d'autoriser l'accès à une base de données. Dans ce cas, la reproduction de cette dernière constituera un acte de contrefaçon si elle est couverte par un droit de propriété intellectuelle. En effet, le contenu d'une base de données est protégé par un droit de propriété intellectuelle *sui generis*[126]. Ce droit subjectif se différencie du droit d'auteur autant par ses conditions d'accès que par son régime et n'est pas destiné à des auxiliaires de la création[127]. La forme de la base de données est par ailleurs protégée par un droit d'auteur, à condition d'être originale (**§ 1**). Le producteur d'une base de données est en mesure d'interdire l'extraction et la réutilisation du contenu de la base (**§ 2**).

§ 1 Objet du droit

90. La directive 91/16/CE du 11 mars 1996 prévoit un régime de protection *sui generis* destiné aux contenus des bases de données[128]. Cette directive a été transposée en droit français

---

126 P. CATALA, « Au-delà du droit d'auteur », *in Écrits en hommage à Jean Foyer. Auteur et législateur.* Leges tulit, jura docuit, PUF, 1997, p. 215, v., spéc., p. 217 et s. ; D. de SAINT-AFRIQUE, « Le droit *sui generis* sur les bases de données », *Comm. com. électr.* 2004, chron. n° 5.

127 F. POLLAUD-DULIAN, *op. cit.*, n° 1692, p. 980, v., spéc., p. 981.

128 Directive 96/9/CE du 11 mars 1996 : *JOCE* 27 mars 1996, n° L77, p. 20. V. G. Koumantos, « Les bases de données dans la directive communautaire » : *RIDA* janv. 1997, p. 79 ; F. POLLAUD-DULIAN, « Brèves remarques sur la

par la loi 98-536 du 1er juillet 1998. Ainsi, l'article L. 341-1 du CPI prévoit que le producteur d'une base de données est « *entendu comme la personne qui prend l'initiative et le risque des investissements correspondants* » et qu'il bénéficie « *d'une protection du contenu de la base lorsque la constitution, la vérification ou la présentation de celui-ci atteste d'un investissement financier, matériel ou humain substantiel. Cette protection est indépendante et s'exerce sans préjudice de celles résultantes du droit d'auteur ou d'un autre droit sur une base de données ou un de ses éléments constitutifs* ».

91. Il convient de distinguer le contenant et le contenu de la base, étant précisé que l'information en tant que telle demeure, en principe, exclue de toute appropriation. Le contenant de la base est protégeable par le droit commun du droit d'auteur tandis que son contenu est protégeable par un droit *sui generis*. Conformément à l'article L. 112-3 du CPI, la base de données constitue « *un recueil d'œuvres, de données, ou d'autres éléments indépendants, disposés de manière systématique ou méthodique, et individuellement accessible par des moyens électroniques ou par tout autre moyen* ». Cette définition révèle que la protection est subordonnée à un travail d'arrangement au terme duquel les données sont disposées de manière systématique et sont individuellement accessibles. En d'autres termes, la juxtaposition de données est insuffisante. Autrement, la simple compilation d'informations pourrait être appropriable. Les débats relatifs aux conditions de forme et d'originalité, que connaît le droit d'auteur, est donc sans objet. Ce droit sui generis est uniquement encadré par des limites raisonnables autorisant une conciliation entre la rémunération de l'investissement, d'une part, et le principe de l'exclusion de l'appropriation des idées abstraites, d'autre part. Ainsi, la protection du contenu d'une base de données est liée à l'existence d'un investissement[129]. Dès lors, les décisions

directive du 11 mars 1996 concernant la protection juridique des bases de données » : *D. Aff.* 1996, p. 541.

129 B. WARUSFEL, « La protection des bases de données en question : un autre débat sur la propriété intellectuelle européenne », *Propr. intell.* 2004, n° 13, p. 896.

fondées sur l'originalité de la réalisation du producteur sont à critiquer[130]. Il est en ce sens regrettable que la Cour de cassation ait repris à son compte l'argument tiré de l'apport intellectuel pour justifier un droit *sui generis* sur une base annuaire[131]. Les prérogatives liées au droit sui generis sont précisées par la loi (§ **2**).

§ 2 Contenu du droit

92. En application de la directive 91/16/CE, la personne susceptible de bénéficier de ce droit *sui generis* est le « *fabricant* » de la base de données. Le terme de « fabricant » constitue la traduction malheureuse du terme « *maker* » de la version anglaise. En application de l'article L. 341-1 du CPI, il s'agit d'un producteur, c'est-à-dire d'une « *personne qui prend l'initiative et le risque des investissements correspondants* ». Ce texte ne concerne donc pas les intermédiaires, comme le sous-traitant par exemple. Le but est de récompenser une prise de risque dans la réalisation d'investissements. Ledit risque consistant soit dans le fait de prendre principalement en charge l'investissement soit dans le fait d'avoir à répondre des dommages que l'utilisation de la base pourrait occasionner[132].

130 CA Paris, 21 nov. 2008, *RIDA* juill. 2009, p. 516 et p. 359, obs. P. SIRINELLI ; *Propr. intell.* 2009, n° 31, p. 175, obs. A. LUCAS ; *Propr. industr.* 2009, comm. 30, note J. LARRIEU (rejet de la protection d'un site rassemblant des annonces de parents à la recherche d'un service de garde pour leurs enfants et des annonces d'assistantes maternelles).

131 Cass. com., 23 mars 2010, *RIDA* mars 2010, p. 373, obs. P. SIRINELLI ; *Propr. intell.* 2010, n° 36, p. 856, obs. J.-M. BRUGUIÈRE ; *Propr. industr.* 2010, comm. 43, note N. BOUCHE (protection de la base de données constituée à partir des informations résultant de l'annuaire et enrichies par France Télécom).

132 CA Paris, 20 févr. 2004, *Propr. industr.* 2004, comm. 57, note J. SCHMIDT-SZALEWSKI (protection de l'annuaire de l'Association des ingénieurs de l'École nationale des télécommunications, qui assume les risques de ses investissements dans l'annuaire des anciens élèves, car en présence d'erreurs ou inexactitudes, ses membres cesseraient de payer leurs cotisations « *qui contribuent à la faire vivre* »). V. TGI Paris, 20 juin 2007 : *RTD com.* 2008, p. 93, note F. POLLAUD-DULIAN (protection de la base de données Infocentre

C'est un investissement substantiel financier, matériel ou humain[133].

93. L'article L. 342-2 du CPI dispose que le producteur peut interdire l'extraction d'une base de données, par « *transfert permanent ou temporaire de la totalité ou d'une partie qualitativement ou quantitativement substantielle du contenu d'une base* ». L'extraction étant définie comme le « *transfert* [...] *sur un autre support* ». Un rapprochement avec le droit de reproduction connu en droit d'auteur peut être fait[134]. Notons toutefois une différence avec le droit d'auteur. Alors que toute fixation de l'œuvre constitue une reproduction contrefaisante, l'extraction n'est contrefaisante qu'à la condition d'être réalisée à partir de la base produite par le titulaire du droit. Il n'existe pas d'extraction quand l'accès à la base de données est simplement issu du résultat affiché par un moteur de recherche. Autrefois, le TGI de Paris s'était prononcé en sens contraire[135]. Dix ans plus tard, il s'est rallié à la position de la Cour d'appel de Paris[136]. La Cour de justice a cependant retenu une définition large de l'extraction en se fondant sur la précision selon laquelle le transfert peut être réalisé « *par quelques moyens ou sous*

PMU, parce que le PMU assume les risques des investissements « *que ce soit en terme de bénéfice ou de déficit* »).

133 CA Paris, 12 sept. 2001 : *JCP G* 2002, II, 10000, note F. POLLAUD-DULIAN, *RIDA* févr. 2002, p. 433, obs. A. KÉRÉVER (protection d'un catalogue regroupant selon un mode particulier les informations afférentes aux exposants de différentes manifestations organisées).

134 J.-H. REICHMAN & P. SAMULESON, « Intellectual Property Rights in Data? » : *Vanderbilt L. Rev.* 1997, vol. 50, p. 51.

135 CA Paris, 25 mai 2001 : *PIBD* 2001, III, p. 455 ; *Comm. com. électr.* 2001, comm. n° 80, note C. Le STANC (rejet de la protection du contenu d'un site d'offre d'emploi fonctionnant via un moteur de recherche). En l'espèce, il a été jugé que l'extraction n'était pas quantitativement ou qualitativement substantielle, parce que l'appelant, avec son moteur de recherches, ne téléchargeait pas la base de données de l'intimée afin d'alimenter son propre système, mais qu'il procédait à des interrogations ponctuelles sur le site de l'intimée en fonction de critères limités.

136 TGI Paris, 1er févr. 2011 : *JCP E* 2011, 1417, note J. LARRIEU ; *Propr. industr.* 2011, comm. 44, note J. LARRIEU (rejet de la contrefaçon d'une base de données immobilières dont des éléments sont mis à disposition sur site internet via un moteur de recherche).

quelque forme que ce soit », ainsi que sur la finalité du texte, pour juger que l'extraction s'entendait de « *tout acte consistant* [...] *à s'approprier* [...], *sans le consentement de la personne qui a constitué la base de données, les résultats de son investissement, privant ainsi cette dernière de revenus censés lui permettre d'amortir le coût de cet investissement* »[137]. Toute visualisation entraînant alors directement un transfert portant atteinte au droit du producteur et surtout, l'objectif de l'extraction, commercial ou non commercial, n'influence pas la qualification de contrefaçon[138].

94. Le producteur est également en position d'interdire la réutilisation, « par la mise à disposition du public de la totalité ou d'une partie qualitativement ou quantitativement substantielle du *contenu de la base* ». Cette notion de réutilisation est proche de celles de droit de représentation, que connaît le droit d'auteur, et du droit de communication au public, que connaissent les droits voisins. Elle tend néanmoins à se distinguer de ceux-ci en incluant la mise à disposition par le biais d'un support tangible, qui correspondrait plutôt à un droit de distribution. Le caractère équivoque de la réutilisation amène des auteurs à considérer qu'il aurait mieux valu, comme en droit allemand, de reconnaître cumulativement un droit de distribution et un droit de communication au public[139]. La Cour de justice a pour sa part adopté une approche extensive de la notion de réutilisation en considérant qu'il s'agissait de « *tout acte consistant* [...] *à mettre à la disposition du public, sans le*

137 CJCE, 9 nov. 2004, aff. C-203/02, *The British Horseracing Board Ltd. et autres c/ William Hill Organization Ltd.* : *Comm. com. électr.* 2002, comm. 16, note C. CARON (bases de données sportives), point 51.

138 CJCE, 5 mars 2009, aff. C-545/07, *Apis-Hristovich c/ Lakorda AD* : *RIDA* juill. 2009, p. 415, obs. P. SIRINELLI ; *Propr. intell.* 2009, n° 33, p. 383, note V.-L. BENABOU ; *Propr. industr.* 2009, comm. 48, note J. LARRIEU, point 52 (base de données juridique). La durée du transfert, caractéristique de l'extraction de données, est sans conséquence juridique. Le droit sui generis confère au producteur d'une base de données le droit d'interdire sa visualisation puisque celle-ci entraîne automatiquement un transfert de données.

139 A. LUCAS, H.-J. LUCAS & A. LUCAS-SCHLOETTER, *Traité de la propriété littéraire et artistique*, Litec, Traités, 4e éd. 2012, n° 1191, p. 980.

consentement de la personne qui a constitué la base de données, les résultats de son investissement »[140].

95. Ainsi, l'ingénierie inverse peut constituer un acte de contrefaçon, en en ce qu'elle permet d'extraire ou de réutiliser le contenu d'une base de données. D'autant plus que la finalité commerciale ou non commerciale n'importe pas. Le droit des bases de données ne prévoit aucune exception comme celles prévues par le droit d'auteur, par le droit des brevets ou encore par le droit des topographies de semi-conducteurs. Nous sommes donc conduits à penser, en l'absence de disposition spécifique, que le droit *sui generis* relatif aux bases de données fait obstacle à toute ingénierie inverse qui permettrait d'accéder à ces dernières. Pour éviter une telle limitation excessive de la liberté de la recherche, il faudrait prévoir là aussi une disposition spécifique destinée au *reverse engineering* sous certaines conditions, telle que celle connue en droit d'auteur ainsi qu'en droit des semi-conducteurs (**Section 3**).

---

140 CJCE, 9 nov. 2004, aff. C-203/02, *The British Horseracing Board Ltd. et autres v. William Hill Organization Ltd.*, loc. cit.

SECTION III. LE SEMI-CONDUCTEUR

96. Un acte d'ingénierie inverse touchant à un semi-conducteur est susceptible d'autoriser une révélation de la topographie de celui-ci. Cette dernière constitue l'objet d'un droit de propriété intellectuelle (§ **1**), dont la reproduction est interdite, sauf si elle est réalisée aux fins d'évaluation, d'analyse ou d'enseignement (§ **2**).

§ 1 Objet du droit

97. L'article 1er de la directive n° 87/54/CE dispose que le terme de « semi-conducteur » s'entend de la forme initiale ou intermédiaire de tout produit composé d'un substrat comportant une couche de matériau semi-conducteur et constitué d'une ou de plusieurs autres couches de matières conductrices, isolantes ou semi-conductrices, les couches étant disposées conformément à une configuration tridimensionnelle prédéterminée. Ladite forme doit avoir pour but, exclusif ou non, une fonction électronique[141]. La protection consacrée par la loi est relative à la topographie du semi-conducteur, c'est-à-dire relative à une série d'images liées entre elles, quelle que soit la manière dont elles sont fixées ou codées représentant la configuration tridimensionnelle des couches composant un produit semi-conducteur et dans

141 Directive n° 87/54/CE du 16 décembre 1986 concernant la protection des topographies de produits semi-conducteurs, *JOCE* n° L 24 du 27 janvier 1987, p. 36.

laquelle chaque image reproduit le dessin d'une surface du produit semi-conducteur à n'importe quel stade de sa fabrication. Le législateur américain a adopté un texte visant à protéger ces topographies dès 1984 avec le *Chip protection Act* de 1984. Ladite loi a été le modèle de la directive de 1986 et du Traité de Washington sur la propriété intellectuelle en matière de circuits intégrés. Une protection du même type est reconnue aux articles 35 à 38 du Traité sur les ADPIC.

98. L'objet du droit constitue, selon l'article L. 622-1 du CPI, soit la topographie finale soit la topographie intermédiaire d'un produit semi-conducteur. Elle doit en tous cas avoir nécessité un effort intellectuel de la part de son créateur. Dès lors, une topographie est protégeable dès lors qu'on ne la connaît pas et qu'elle a exigé un effort intellectuel. Finalement, cette exigence se distingue autant de la notion de nouveauté que connaît le droit des brevets que de celle de l'originalité que connaît le droit d'auteur. On peut cependant la rapprocher de l'originalité telle que comprise en droit d'auteur des logiciels.

99. Par ailleurs, la protection est subordonnée à une formalité de dépôt. Ce dernier est effectué auprès de l'INPI, sans qu'aucun examen ne soit prévu. Le créateur ressortissant de l'un des États partis à l'OMC ou son ayant cause sont admis à réaliser un tel dépôt. Le créateur peut revendiquer le bénéfice du dépôt lorsqu'il a été effectué en violation de ses droits ou de ceux de son ayant cause (**§ 2**).

§ 2 Contenu du droit

100. L'article L. 622-5 du CPI prévoit que le droit octroyé permet d'interdire à tout tiers de reproduire, d'exploiter commercialement, d'importer la topographie protégée ou une reproduction ou tout produit semi-conducteur l'incorporant. Mais la protection ne s'étend pas à la reproduction aux fins d'évaluation, d'analyse ou d'enseignement. Elle ne s'étend pas non plus à la création, à partir de cette analyse ou de cette évaluation, d'une topographie distincte protégeable. Il en résulte d'une part que le but commercial ou non commercial de l'analyse n'importe pas et que, d'autre part, il n'existe pas, comme en droit des brevets de « topographies de dépendance »[142]. Il semble que l'ingénierie inverse puisse être autorisée, dans la mesure où il s'agit d'analyser un semi-conducteur. Aux États-Unis, le législateur a prévu expressément une exception au profit du *reverse engineering* des semi-conducteurs[143]. Une exception du même type a été incluse dans la nouvelle législation relative à la protection du secret des affaires (**Section 4**).

142 J. AZÉMA, J.-Ch. GALLOUX, *Droit de propriété industrielle*, 7e éd., 2012, no 1018, p. 609.

143 H. R. BROWN, « Fear and Loathing of the Paper Trail: originality in Products of reverse Engineering under the semiconductor Chip Protection Act As Analogized to the Fair Use of Nonfiction Literary Works », *Syr. L. Rev.* 1990, vol. 41, p. 985 ; L. HSU, « Reverse Engineering Under the semiconductor Chip protection Act: Complications for Standard of Infringement », *Albany L.J. Sci. & Tech.* 1996, vol. 5, p. 249.

SECTION IV. LE SECRET DES AFFAIRES

101. La transposition de la directive du 8 juin 2016 était l'occasion de la préciser et d'en combler les lacunes en vue d'établir plus fermement le droit qu'elle consacre. L'article 1er du texte accordait explicitement au législateur une marge de manœuvre qui lui aurait permis de la préciser à certains endroits et de l'améliorer à d'autres, ne serait-ce que pour l'adapter au droit national. Malheureusement, il n'en a rien été. Un choix a été fait en faveur d'une « transposition basse », qui confine parfois à l'absence de transposition[144]. La loi semble au final pécher par excès de prudence, voire de timidité, autant quant au périmètre de la protection du secret des affaires (**§ 1**) que quant à sa mise en œuvre (**§ 2**).

§ 1 Objet du droit

102. Le nouvel article L. 151-1 du Code de commerce définit le secret des affaires comme une information satisfaisant trois critères : elle n'est pas généralement connue ou aisément accessible pour les personnes familières de ce type d'informations en raison de leur secteur d'activité ; elle revêt une valeur commerciale effective ou potentielle qui résulte de son caractère secret ; elle fait l'objet de mesures de protection raisonnables pour demeurer secrète, compte tenu des circonstances.

144 V. Rapport GAUVAIN, p. 8.

103. La loi française présente de légères variations par rapport à l'article 2 (1) de la directive quant à la notion de secret : « *toute information* » remplace « *des informations* » ; le « *secret des affaires* » remplace les « *secrets d'affaires* ». Ces deux modifications paraissent sans incidence, bien qu'inutiles et génératrices d'incertitudes, du fait de l'écart par rapport à la directive[145]. À la suite de Catala, on peut retenir que « *l'information est un message quelconque exprimé dans une forme qui le rend communicable à autrui* »[146]. Un secret devra donc être exprimé dans une forme donnée pour être susceptible de bénéficier d'une protection, alors que la simple idée devra en être exclue, ne serait-ce que parce que le droit est incapable de se saisir d'une réalité indéterminée. De plus, il n'est pas nécessaire que le secret soit absolu en demeurant totalement inconnu d'autrui : il suffit qu'il soit relatif en demeurant uniquement inconnu des personnes du milieu en cause.

104. Conformément à l'article 2 de la directive, le nouvel article L. 151-1 du Code de commerce prévoit l'exigence d'une valeur commerciale résultant du secret. De même que pour l'exigence du secret, une meilleure caractérisation de cette notion de valeur commerciale aurait pu servir une meilleure identification des bénéficiaires du droit. Le considérant 14 de la directive précise cette notion : « *Ces savoir-faire ou informations devraient avoir une valeur commerciale, effective ou potentielle. Ces savoir-faire ou informations devraient être considérés comme ayant une valeur*

---

145 Le Rapport GAUVAIN indique d'ailleurs que l'expression « *secret des affaires* » possède un sens identique à l'expression « *secrets d'affaires* » de la directive et qu'elle lui a uniquement été préférée parce qu'elle est celle retenue par la jurisprudence française (*Rapport Gauvain*, p. 25, note bas de page 4).

146 P. CATALA, *Ébauche d'une théorie juridique de l'information*, *D.* 1984, *chron.* p. 97, *in Le droit à l'épreuve du numérique. Jus Ex Machina*, PUF, coll. Droit, éthique, société, 1998, p. 224. Rappr. *Vocabulaire juridique*, ss dir. G. Cornu, PUF, coll. Quadrige, 2018, V° « information » : « *Le renseignement possédé et l'action de le communiquer à autrui (à une personne déterminée ou au public).* » Cette proposition doctrinale, qui exige une mise en forme de la connaissance, nous paraît préférable à la définition adoptée dans un arrêté du 22 décembre 1981, qui couvre également l'information brute en définissant l'information comme un « *élément de connaissance susceptible d'être représenté à l'aide de conventions pour être conservé, traité ou communiqué* ».

commerciale, par exemple lorsque leur obtention, utilisation ou divulgation illicite est susceptible de porter atteinte aux intérêts de la personne qui en a le contrôle de façon licite en ce qu'elle nuit au potentiel scientifique et technique de cette personne, à ses intérêts économiques ou financiers, à ses positions stratégiques ou à sa capacité concurrentielle. » Seul le caractère effectif ou potentiel de la valeur a finalement été repris par le législateur français, à la suite de la préconisation du Conseil d'État[147].

105. L'information doit être protégée via des mesures de protection raisonnables autorisant la conservation du secret, en d'autres termes le détenteur doit contrôler son secret. Ce troisième critère prime sur les deux premiers du fait de l'exigence probatoire qui lui est consubstantielle. Lesdites mesures ne devraient toutefois pas recouvrir la notion d'identification de l'information, à laquelle les règlements européens d'exemption par catégorie dont le règlement (UE) n° 316/2014 du 21 mars 2014 relatif aux accords de transfert de technologie[148], subordonnent la protection du savoir-faire[149]. L'identification doit alors être assez complète pour permettre d'apprécier la réalité technique du savoir-faire, sa substantialité, de la même manière que la description d'un brevet doit être suffisante pour autoriser la reproduction de son enseignement[150]. Bien que la preuve du contrôle d'une information ne peut que

147 Avis du Conseil d'État n° 394422 du 15 mars 2018 sur la proposition de loi portant transposition de la directive du Parlement européen et du Conseil sur la protection des savoir-faire et des informations commerciales non divulgués contre l'obtention, l'utilisation et la divulgation illicites.

148 *Règlement (UE) n° 316/2014 du 21 mars 2014 relatif à l'application de l'article 101*, paragraphe 3, du traité sur le fonctionnement de l'Union européenne à des catégories d'accords de transfert de technologie, *JOUE* L 93 du 28 mars 2014, p. 17. V., pour un exemple d'application de la définition du savoir-faire donnée par ce Règlement, TGI Paris, 31 mars 2017, *Laboratoires Choisy c. Chauvette et Tri-Texco*, RG n° 11/07054.

149 N. BINCTIN, *Les secrets protégés*, préc., v. spéc. p. 31 et 32.

150 Article L. 612-5 du Code de la propriété intellectuelle. V. J. AZÉMA et J-C. GALLOUX, *Droit de la propriété industrielle*, Dalloz, coll. Précis, 8e éd., 2017, n° 430 ; J. RAYNARD, E. PY et P. TRÉFIGNY, *Droit de la propriété industrielle*, LexisNexis, coll. Manuel, 2016, n° 197. V. égal. notre ouvrage, *Technique et droit des brevets*, LexisNexis, coll. Bibliothèque de droit de l'entreprise, t. 89, 2016, nos 534 et s.

difficilement aller sans une identification de l'information voire peut-être sans sa substantialité, il n'en demeure pas moins que l'aspect formaliste du critère ouvre la voie à une compréhension souple de son objet.

106. Malgré l'absence d'indications explicites en ce sens dans les textes, la directive invite à considérer que l'ampleur du contrôle soit fonction de la valeur du secret[151]. L'intention de contrôle paraît tout aussi importante que son effectivité, puisque cette dernière ne soulèvera des questions qu'en cas de violation du secret[152]. De fait, le juge devra déterminer si le détenteur du secret a pris des mesures juridiques et matérielles suffisantes pour s'assurer le contrôle relatif de l'information. D'un point de vue juridique, la confidentialité s'organisera avec un accord de confidentialité[153]. D'un point de vue matériel, le détenteur du secret doit mettre en place un certain nombre de mesures destinées à restreindre l'accès réduit au secret : mesures de sécurité physique (contrôle de l'accès aux locaux, de la circulation des visiteurs, etc.) ; mesures de sécurité informatique (contrôle de l'accès au réseau puis aux données, chiffrement des données sensibles, configuration de pare-feu, etc.), mesures d'organisation (classification des informations, sensibilisation du personnel, etc.)[154]. Même si l'exigence d'une mention expresse du caractère confidentiel a été expressément rejetée par la Commission des lois du Sénat[155], le recours à une telle mention sera, en pratique, sans doute préférable[156], ne serait-ce que pour signaler l'importance du secret. La protection du secret des affaires interviendra

151 Le considérant 21 de la directive lie « *les mesures, procédures et réparations prévues* » à « *la valeur du secret d'affaires* ».

152 N. BINCTIN, *Les secrets protégés*, préc., v. spéc. p. 31.

153 Cf. *infra.*

154 D. COURBON, *La gestion matérielle du risque par le maintien du secret, in La protection des secrets d'affaires : enjeux et pe*rspectives, préc., p. 45 ; F. HAGEL, *Protection des secrets des affaires : enjeux et repères*, *Cahiers de droit de l'entreprise* n° 1, janv. 2012, dossier 3.

155 Rapport FRASSA, p. 29.

156 En ce sens, P. MOUSSERON, J. RAYNARD et J.-B. SEUBE, *Technique contractuelle*, Francis Lefebvre, 4e éd., 2010, n° 701, p. 300.

ainsi dès que son détenteur subira une atteinte en dépit de telles mesures de protection raisonnables (§ **2**).

§ 2 Un droit qui n'interdit pas par principe l'ingénierie inverse

107. La loi délimite des actes illicites et des actes considérés, par exception, comme licites. Concernant les premiers, e détenteur d'un secret des affaires peut, en application du nouvel article L. 151-4 du Code de commerce, s'opposer à l'obtention dudit secret résultant d'un « *accès non autorisé* » ou de « *tout autre comportement considéré, compte tenu des circonstances, comme déloyal et contraire aux usages en matière commerciale* ». L'article L. 151-5 lui permet également de s'opposer à l'utilisation et la divulgation du secret par une personne l'ayant obtenu dans les conditions indiquées à l'article L. 151-4 ou qui « *agit en violation d'une obligation de ne pas divulguer le secret ou de limiter son utilisation* ». Pareillement, « *la production, l'offre ou la mise sur le marché, ou l'importation, l'exportation ou le stockage à ces fins de tout produit résultant de manière significative d'une atteinte au secret* » sont illicites si la personne commettant ces actes « *savait, ou aurait dû savoir eu égard aux circonstances, que ce secret était utilisé de façon illicite* ». L'article L. 151-6 indique que l'obtention, l'utilisation et la divulgation sont également illicites quand ils sont commis par « *une personne qui savait ou, eu égard aux circonstances, aurait dû savoir que ce secret avait été obtenu, directement ou indirectement, d'une autre personne qui l'utilisait ou le divulguait de façon illicite au sens du premier alinéa de l'article L. 151-5* ». En fin de compte, l'atteinte peut résulter de l'appréhension non autorisée du secret, d'une part, et de son détournement, d'autre part. Dans toutes ces hypothèses, l'usage illicite ne sera caractérisé que s'il résulte d'un comportement intentionnel ou d'une négligence grave.

108. De façon générale, l'étendue du droit paraît ample dès lors que ce dernier porte non seulement sur l'utilisation du secret, mais aussi sur son obtention et sur sa divulgation. Ces deux dernières prérogatives distinguent le droit sur un secret des affaires des droits voisins de propriété intellectuelle, lesquels ne couvrent pas la première tandis qu'ils n'incluent la seconde qu'exceptionnellement, au sein des prérogatives extra-patrimoniales de l'auteur[157]. La mention expresse de la divulgation paraît d'autant plus fondamentale qu'elle détruit le secret. Ces actes étaient cependant déjà sanctionnés par la jurisprudence de la Cour de cassation au titre de la concurrence déloyale[158]. On notera aussi une certaine souplesse dans la détermination des actes illicites, au regard d'une part de la précision selon laquelle l'obtention illicite d'un secret peut résulter de « *tout autre comportement considéré, compte tenu des circonstances, comme déloyal et contraire aux usages en matière commerciale* » et d'autre part de la palette des actes réputés licites au titre des exceptions[159]. Mais à s'en tenir à cette définition large, on pourrait croire qu'une opération d'ingénierie inverse serait considérée, dans certaines circonstances, comme constituant l'un de ces comportements déloyaux. Or, il n'en est rien.

109. C'est en effet lorsque l'on se tourne vers les actes définis comme « licites » que l'on trouve une disposition de principe favorable à l'ingénierie inverse. Le nouvel article L. 151-3 du Code de commerce indique en effet que l'obtention est licite lorsqu'elle résulte d'« *une découverte ou* [d']*une création indépendante* » ou de « *l'observation, l'étude, le démontage ou le test d'un produit ou d'un objet qui a été mis à la disposition du public ou qui est de façon licite en possession de la personne qui obtient l'information, sauf stipulation contractuelle interdisant ou limitant l'obtention du secret* ». On notera cependant que ce texte (en application directe de la

157 Article L. 121-2 du CPI : « *L'auteur a seul le droit de divulguer son œuvre* ».

158 Cass. com., 25 février 2003, n° 00-21542 ; Cass. com., 8 février 2017, n° 15-14846.

159 J. LAPOUSTERLE, « Les secrets d'affaires à l'épreuve de l'harmonisation européenne », *D.* 2014, chron. p. 682.

directive) préserve cependant la possibilité pour celui qui met le produit sur le marché d'interdire à ses clients directs par voie contractuelle d'effectuer cette ingénierie inverse, ce que la pratique avait déjà anticipé. On peut par exemple citer cette clause proposée pour faire partie d'un contrat de transfert de matériel biologique :

110. *« La fourniture du Matériel au titre du présent contrat repose sur la condition déterminante que le Récipiendaire s'engage à ne pas chercher, par ingénierie inverse, par désassemblage ou par toutes autres analyses, à connaître la méthodologie, la composition, la formulation, les procédés ou toute autre information relative à la fabrication ou la production du Matériel »*[160].

111. Notons cependant que lorsque le secret des affaires protégé recouvre par exemple le contenu d'une demande de brevet non encore publiée (ou encore le savoir-faire accompagnant l'invention brevetée), cette possibilité d'interdire contractuellement l'ingénierie inverse pourrait se heurter parfois à l'exception d'expérimentation reconnue en droit des brevets[161].

112. En parallèle, les articles L. 151-7, L. 151-8 et L. 151-9 listent des cas dans lesquels le secret n'est pas opposable. Ainsi, selon l'article L. 151-7, le secret n'est pas opposable quand le droit de l'Union, les Traités internationaux ou le droit national requièrent ou autorisent l'obtention, l'utilisation ou la

---

160 Citée in E. VERGES (dir.), *Contrats sur la recherche et l'innovation*, Dalloz, 2019, n° 146.141 p. 544. Dans le même domaine biotechnologique, la pratique recourt également à « la *Shrink Wrap Licence* destinée à interdire la rétro-ingénierie » (F. GIRARD, Chr. NOIVILLE, « PROPRIÉTÉ INDUSTRIELLE ET BIOTECHNOLOGIES VÉGÉTALES : LA NOVA ATLANTIS - À propos de la recommandation du Haut Conseil des Biotechnologies », *Revue internationale de droit économique*, 2014/1 vol. XXVII, p. 93).

161 Dans ce sens, v. B. WARUSFEL, « Brevet et secret des affaires », *Propr. industr.*, n° 3, 2019.

divulgation dudit secret. L'article L. 151-8 prévoit pareillement une inopposabilité en présence d'actes nécessaires à l'exercice de la liberté d'expression, à « *l'exercice du droit d'alerte* », et à « *la protection d'un intérêt légitime reconnu par le droit de l'Union ou le droit national* ». L'article L. 151-9 organise l'inopposabilité du secret dans le cadre d'une instance impliquant des salariés ou leurs représentants.

113. Notons que l'obtention licite, comme prévue au nouvel article L. 151-3(2) du Code de commerce, en faveur de l'ingénierie inverse, pourrait se révéler problématique dans le domaine des logiciels. En effet, le droit d'auteur des logiciels réserve un sort particulier à la décompilation, laquelle constitue une forme d'ingénierie inverse destinée à l'obtention du code source d'un programme à partir de sa forme exécutable et implique une reproduction du code, autrement dit une contrefaçon[162]. La décompilation ne sera licite, au regard du droit d'auteur, que si les conditions posées par l'article L. 122-6-1 du Code de la propriété intellectuelle, issu lui-même de la transposition de la directive n° 2009/24/CE du 23 avril 2009 concernant la protection juridique des programmes d'ordinateur, sont remplies. Cette licéité de la décompilation est en particulier subordonnée à son but : elle doit être réalisée à fin d'interopérabilité[163]. La possibilité de décompiler constitue une exception au droit d'auteur, qui est invocable à certaines conditions et ne devient en aucun cas un « droit de décompiler ». L'article L. 151-3(2) du Code de commerce relatif à la protection du secret des affaires prévoit une forme de droit à l'ingénierie inverse plus étendu que ne l'est l'exception de décompilation du droit d'auteur et qui, en particulier, n'est pas circonscrit par des contours aussi étroits que cette dernière. Le décalage entre l'exception de

---

162 M. VIVANT, « Ingénierie inverse, ingénierie perverse ? », *JCP E* 1991, I, 56.

163 V., sur cette notion, Cass. civ. 1ère, 20 octobre 2011, *RTD com.* 2011, p. 760, obs. F. POLLAUD-DULIAN. V. égal. N. BINCTIN, *Migration de données et* interopérabilité. – (commentaire Cass. 1re civ., 20 oct. 2011, *n°* 10-14.069, F-P+B+I, SAS Fiducial Informatique c/ DPSI), *Comm. com. électr.* 2012, étude 6.

décompilation du droit d'auteur et le droit à l'obtention licite du secret des affaires pourrait donner naissance à des contentieux. Un plaideur pourra précisément prétendre qu'on n'avait pas souhaité accéder au code source d'un logiciel, mais qu'on avait seulement souhaité débusquer un savoir-faire conformément l'article L. 151-3. Le conflit pouvant opposer les dispositions relatives au secret des affaires et celles relatives au droit d'auteur pourrait susciter des difficultés lors de la mise en œuvre de la protection.

114. L'ingénierie inverse implique de déconstruire un objet de telle manière qu'elle est susceptible de porter atteinte aux droits des tiers, qui peuvent notamment consister dans des droits de propriété intellectuelle. Mais, au-delà de ces législations spéciales, le droit civil général pourra, via le droit des biens et le droit de la responsabilité civile, comprendre des obstacles au *reverse engineering* (**Chapitre II**).

Chapitre II - Droit civil général

115. L'ingénierie inverse peut autoriser l'accès à une information qui n'est pas protégée par un droit de propriété intellectuelle. Cet accès n'est pas pour autant nécessairement libre. Nous pouvons d'abord nous interroger sur la possibilité d'appropriation d'une information. Le mot « information » a été défini par un arrêté du 22 décembre 1981 comme un « *élément de connaissance susceptible d'être représenté à l'aide de conventions pour être conservé, traité ou communiqué* ». Cela renvoie autant à l'information brute qu'à l'information mise en forme. CATALA en limite la définition à la seconde, considérant que « *l'information est un message quelconque exprimé dans une forme qui le rend communicable à autrui* »[164]. En dehors des législations spéciales de propriété intellectuelle, cette information peut être protégée soit par le droit commun des biens (**Section 1**) soit par le droit de la responsabilité civile (**Section 2**).

164 P. CATALA, « Ébauche d'une théorie juridique de l'information », *D.* 1984, p. 97.

SECTION I. LE DROIT COMMUN DES BIENS

116. La question de l'appropriation de l'information en renvoie à une autre plus générale : la propriété est-elle susceptible de se saisir d'une chose incorporelle en dehors du cadre traditionnel de la propriété intellectuelle ? L'approche matérialiste de la propriété conduit à répondre par la négative. En ce sens, il est traditionnellement admis que la propriété est le fait pour une chose de constituer un bien[165]. Dès lors, seule la chose présentant certaines caractéristiques est appropriable. On en déduit que la propriété ne peut concerner que des choses corporelles et des droits.

117. L'intangibilité d'une réalité incorporelle la rend rétive à toute appropriation. En tous cas, elle en empêche la saisie par la propriété de droit commun. La propriété intellectuelle constitue une exception, comme telle elle doit être prévue par un texte spécial. Et le rapport d'appropriation vise alors un droit. Ainsi, l'inventeur ou l'auteur, par exemple, sont respectivement les

---

165 R. BEUDANT, P. LEREBOURS-PIGEONNIÈRE, Cours de droit civil français. T. 4. Les biens, A. Rousseau, 1938, n° 5, p. 4 ; Ch. DEMOLOMBE, *Cours de droit Napoléon. T. 9. Traité de la distinction des biens*, A. Durand/L. Hachette, 1866, n° 540, p. 456 ; J. DOMAT, *Les loix civiles dans leur ordre naturel, le droit public et legum delectus. T. 1*, Durand, 1777, p. 17 ; R.-J. POTHIER, *Traité des obligations selon les règles tant du for de la conscience, que du for extérieur*, Debure/Veuve Rouzeau-Montaut, 1772, p. IX et X ; A. VALETTE, *De la propriété et de la distinction des biens. Commentaire des Titres I et II du Code civil*, 1879, A. Marescq aîné, p. 2 et 3.

propriétaires d'un droit de brevet[166] et d'un droit d'auteur[167]. Concernant l'information, elle est forcément exclue du champ de l'appropriation. On estime alors qu'elle constitue une chose commune, autrement dit une chose dont l'usage doit demeurer commun à l'ensemble de la collectivité.

118. Selon une approche idéaliste de la propriété, elle n'est pas le propre d'une chose, mais le propre d'une personne[168]. Toute chose, qu'elle soit corporelle ou incorporelle, est appropriable, sous réserve qu'une personne puisse s'en saisir. Dans ce cadre, la propriété intellectuelle n'exige pas nécessairement une reconnaissance via un texte spécial. Il suffit qu'elle représente une valeur, pour qu'un bien objet appropriable puisse naître[169]. Cette définition du bien a été retenue par le Conseil constitutionnel[170]

---

166 P. MATHÉLY, Le nouveau droit français des brevets d'invention, LJNA, 1992, p. 315 ; J. PASSA, Traité de droit de la propriété industrielle. T. 2. Brevets d'invention. Protections voisines, Litec, Traités, 2013, n° 8, p. 7.

167 E. DELALANDE, *Étude sur la propriété littéraire et artistique*, A. Marescq Aîné, 1879, p. 7 ; P.-Y. GAUTIER, *La propriété littéraire et artistique*, PUF, Droit fondamental, 8e éd., 2012, n° 15, p. 25 ; A. LUCAS, H.-J. LUCAS, A. LUCAS-SCHLOETTER, *Traité de la propriété littéraire et artistique*, Litec, Traités, 4e éd., 2012, n° 29, p. 37 ; Y. STRICKLER, *Les biens*, PUF, Thémis Droit, 2006, n° 60, p. 96.

168 S. GINOSSAR, *Droit réel, propriété et créance*, LGDJ, 1960, n° 12, p. 33 ; R. LIBCHABER, « La recodification du droit des biens », *in 1804-2004. Le Code civil, un passé, un présent, un avenir*, Dalloz, 2004, p. 297, v., spéc., n° 13 et 14 ; « Biens », Rép. Civ., 2002, n° 7 ; Th. REVET, *La force de travail*, Litec, Bibliothèque de droit de l'entreprise, t. 28, 1992, *passim* ; « Les nouveaux biens », *in La propriété. Travaux de l'association Henri Capitant. T. LIII. Journées Vietnamiennes*, Société de législation comparée, 2003, p. 271, v., spéc., n° 20 ; Note ss Cass. crim., 22 septembre 2004, *RTD civ.* 2005, p. 164 ; F. ZENATI, *La nature juridique de la propriété*, th. dactyl. Université Jean Moulin (Lyon III), 1981, n° 308 et s., p. 409 et s. ; « Pour une rénovation de la théorie de la propriété », *RTD civ.* 1993, p. 305..

169 J.-M. MOUSSERON, « Valeurs, biens, droits », *in Mélanges en hommage à A. Breton et F. Derrida*, Dalloz, 1991, p. 277 ; J.-M. MOUSSERON, J. RAYNARD, Th. REVET, « De la propriété comme modèle », *in Mélanges A. Colomer*, Litec, 1993, p. 281.

170 N. MOLFESSIS, *Le Conseil constitutionnel et le droit privé*, LGDJ, Bibliothèque de droit privé, t. 287, 1997, n° 102 et s., p. 83 et s. ; A.-F. ZATTARA, *La dimension constitutionnelle et européenne du droit de propriété*, th. LGDJ, Bibliothèque de droit privé, t. 351, 2001, n° 299 et s., p. 274 et s.

et par la Cour européenne des droits d'homme[171]. Ainsi, cette approche de la propriété se développe, voire s'impose, dans la jurisprudence contemporaine. Cette évolution est prégnante dans les décisions de la Cour européenne des droits de l'Homme[172]. Le Conseil constitutionnel a pour sa part consacré la propriété des créances[173]. Il est admis qu'une chose représente une valeur dès lors qu'elle est utile et rare[174].. Concernant l'information, certains auteurs estiment qu'elle pourrait être l'objet d'une appropriation, à condition d'être utile et rare[175].

119. En dépit des progrès de l'approche idéaliste de la propriété, *de lege lata* l'information reste exclue de la sphère de la propriété. Doit-on pour autant en conclure que toute connaissance qui n'est pas l'objet d'une propriété intellectuelle est libre de droits ? La négative s'impose. En effet, il est possible de réserver une connaissance confidentielle par le biais soit de la responsabilité contractuelle soit de la responsabilité délictuelle[176]. Cette méthode de réservation présente l'avantage d'éviter toute

---

171 A. DEBET, *L'influence de la Convention européenne des droits de l'homme sur le droit civil*, Dalloz, Nouvelle bibliothèque des thèses, 2002, n° 68 et s., p. 690 et s.

172 J.-S. BERGÉ, « Entre autres droits, la propriété intellectuelle », *Propr. intell.* 2002, n° 4, p. 9 ; A. DEBET, *L'influence de la Convention européenne des droits de l'homme sur le droit civil*, th. Dalloz, Nouvelle bibliothèque des thèses, 2002, n° 768 et s., p. 690 et s. ; F. SUDRE, « La protection du droit de propriété par la Cour européenne des droits de l'homme », *D.* 1988, chron. p. 71.

173 Cons. const. déc. n° 2010-607 DC, Loi relative à l'entrepreneur individuel à responsabilité limitée, *RTD civ.* 2010, p. 584, note Th. REVET.

174 Th. REVET, « Les nouveaux biens », in La propriété. Travaux de l'association Henri Capitant. T. LIII. Journées vietnamiennes, Société de législation comparée, 2003, p. 271.

175 P. CATALA, « Ébauche d'une théorie juridique de l'information », *D.* 1984, p. 97 ; « La "propriété" de l'information », *in Mélanges offerts à P. Raynaud*, Dalloz/Sirey, 1985, p. 97. V., néanmoins, J-Ch. GALLOUX, « Ébauche d'une définition juridique de l'information », *D.* 1994, p. 229, v., spéc., n° 29 et 30 ; A. LUCAS, J. DEVÈZE, J. FRAYSSINET, *Le droit de l'informatique*, PUF, Thémis, 2001, n° 467 et s., p. 268 et s.

176 A. A. SCHILLER, « Trade Secrets and the Roman Law: The Actio Servi Corrupti », *Colum . L. Rev.* 1930, vol. 30, p. 837. L'action *servi corrupti*, qui permettait au temps de la Rome impériale d'empêcher que des tiers interrogent des serviteurs sur l'activité de leur maître, semble constituer l'origine historique de ce mode de réservation.

divulgation de la connaissance en question. Cependant, l'absence de divulgation a pour pendant une qualification stricte de la confidentialité devant entourer l'information. Il convient soit de l'encadrer grâce au contrat soit de démontrer que sa subtilisation est un acte déloyal ou parasitaire (**Section 2**).

SECTION II. LE DROIT COMMUN DE LA RESPONSABILITÉ CIVILE

120. L'ingénierie inverse peut constituer un acte susceptible d'engager la responsabilité civile de son auteur. Il peut autant s'agir d'une faute délictuelle, si elle cause un préjudice à un tiers (§ **1**), qu'une faute contractuelle, si elle est contraire à un contrat signé antérieurement (§ **2**).

§ 1 La responsabilité délictuelle

121. Il est possible que la rétroconception constitue un moyen utilisé par une entreprise pour commettre un acte de concurrence déloyale (**A**). Elle peut également constituer un moyen de profiter des investissements d'un tiers qui n'est nullement un concurrent, on parle alors de parasitisme (**B**). Enfin, nous pouvons envisager qu'elle puisse constituer un enrichissement sans cause (**C**).

A. La concurrence déloyale

122. La liberté du commerce et de l'industrie constitue un des éléments essentiels du développement économique. Or, si l'on considère que ce développement est fondamental pour l'intérêt général, il est nécessaire d'en assurer la protection. Ainsi, la préservation de la liberté du commerce a été consacrée en France par un décret des 2-17 mars 1791, dit décret d'ALLARDE : « Toute personne pourra faire tel négoce et exercer telle profession, art ou métier qu'elle trouvera bon. » Ce principe est depuis au cœur de la vie des affaires dont il tend à régir le déroulement. La liberté reconnue recouvre autant la liberté d'entreprendre une activité économique que la liberté d'exercer une activité qui concurrencerait celle d'un autre acteur économique[177]. Ce principe est aujourd'hui consacré par le Traité de l'Union qui consacre le principe de la liberté de la circulation.

123. Cependant, comme toute liberté, la liberté du commerce connaît des limites. Elle demeure absolue tant qu'elle ne dégénère pas en licence et que la concurrence est honnête et loyale[178]. Il convient de définir cette notion de concurrence déloyale avant de déterminer quelle peut en être l'influence sur l'ingénierie inverse. La concurrence doit, autrement dit, être conforme à une certaine morale des affaires[179]. Selon l'article 10 bis de la Convention de Paris, « constitue un acte de concurrence déloyale tout acte de concurrence contraire aux usages honnêtes en matière industrielle ou commerciale ». L'article 1er de la loi allemande du 7 juin 1909, qui est relative à la concurrence déloyale, dispose aussi que « toute personne qui dans un acte de concurrence, commet en affaires des actes contraires aux usages honnêtes, peut être assignée en cessation de ces actes et en dommages et intérêts ». Finalement, nous pouvons retenir que « doivent être considérés comme réalisant une concurrence déloyale dans la compétition économique tous agissements qui consistent à employer des moyens fallacieux dans la vente de produits, tous actes d'un

177 D. FERRIER, « La liberté du commerce et de l'industrie », *in Libertés et droits fondamentaux*, ss dir. R. CABRILLAC, M.-A. FRISON-ROCHE, Th. REVET, Dalloz, 18e éd., 2012, p. 783. V. J.-M. MOUSSERON, D. MAINGUY, « La liberté d'exploitation de l'industriel », *in Mélanges offerts à J.-J. Burst. Propriété intellectuelles-An 2000*, Litec, 1997, p. 349.

178 A. BRUN, « L'évolution du régime de la concurrence irrégulière dans les rapports de travail », in Mélanges Roubier. T. 2, Dalloz, 1961, p. 357 : « Si la concurrence reste l'âme du commerce, le juriste doit intervenir pour jalonner la route de bornes indispensables : la fin économique ne saurait couvrir et légitimer des moyens immoraux. »

179 Ph. le TOURNEAU, *Le parasitisme*, Litec, Responsabilités, 1998, n° 16, p. 12.

commerçant ou d'un fabricant qui cherche soit à tirer parti à son bénéfice d'une situation acquise par un tiers, soit à discréditer la marchandise ou l'entreprise d'autrui ou encore à désorganiser cette dernière »[180].

124. La concurrence déloyale est à distinguer de la concurrence illicite. « La concurrence interdite ou non autorisée est celle qui fait l'objet de restrictions formelles, résultant de la loi ou d'un contrat : pour en donner un exemple, les conditions posées à l'exercice d'une profession par des lois ou des règlements constituent autant d'obstacles à la liberté de la concurrence. [...] Dans la concurrence interdite, celui qui fait acte de concurrence agit sans droit ; dans la concurrence déloyale, il fait seulement un usage excessif de sa liberté »[181]. Cette délimitation proposée par ROUBIER s'appuie sur un critère formel. C'est la source de la règle, respectivement la loi ou le contrat d'une part et la morale des affaires d'autre part, qui fonde la dialectique. Mais ce critère formel semble instituer une frontière quelque peu arbitraire, qui ne tient pas compte du contenu de la règle. Certes, le fondement de la règle est distinct. Il n'en demeure pas moins que la substance des règles en question est également différente[182]. La concurrence déloyale dénote la déloyauté d'un acteur économique. Une loi régit de façon plus large ses comportements, sans que la loyauté ne soit mise en cause.

---

180 Y. SAINT-GAL, « Concurrence déloyale et concurrence parasitaire (ou agissements parasitaires) », *RIPIA* 1956, n° 25-26, p. 19, v., spéc., p. 21.

181 P. ROUBIER, *Le droit de la propriété industrielle. T. 1*, Sirey, 1952, n° 104, p. 482, v., spéc., p. 483. V. D. FERRIER, « Concurrence déloyale et concurrence illégale », *in La concurrence déloyale*, Colloque (actes du colloque organisé par le Centre du droit de la concurrence de l'Université de Perpignan les 13 et 14 octobre 2000 consacré à l'étude de la concurrence déloyale dans ses applications et ses perspectives d'évolution en droit interne, en droit comparé, en droit communautaire et en droit international), ss dir. Y. SERRA, Dalloz, 2001, p. 47.

182 J. AZÉMA, *Le droit de la concurrence*, PUF, 1989, n° 131.

125. La distinction doit également être faite entre la concurrence déloyale et la concurrence anticontractuelle[183]. Cette dernière consiste dans la violation de clauses relatives à la concurrence qui ont été insérées dans un contrat. Ce sont également la source de la règle ainsi que son contenu qui sépare les deux notions. D'abord, en ce qui concerne la source, elle se situe respectivement dans les usages du commerce et dans le contrat. Dans ce cas, le contrat constitue instrument de patrimonialisation de la clientèle, une technique d'élimination des concurrents, alors que la concurrence déloyale n'affecte pas l'activité concurrentielle en elle-même, mais les moyens dont elle exige la mise en œuvre. Ensuite, les clauses contractuelles limitant l'activité d'un contractant sont en général destinées à lui imposer de ne pas exercer une activité professionnelle donnée dans un temps et un espace donnés. Il n'est pas question, comme cela est le cas pour la concurrence déloyale, de sanctionner une activité s'avérant contraire aux usages du commerce. De plus, la concurrence déloyale n'intervient qu'en cas d'inefficacité du lien contractuel, elle constitue un repli face au développement du contrat. Enfin, la sanction de la concurrence déloyale se différencie de la sanction de la contrefaçon. La première intervient en l'absence d'un droit privatif du fait de la violation d'un devoir, elle suppose la démonstration de l'existence de circonstances particulières[184]. Or, la contrefaçon ne suppose que la constatation de l'atteinte portée à un droit privatif. Toutefois, des auteurs estiment que l'action en concurrence déloyale est parfois en mesure de se substituer à un droit de propriété intellectuelle[185]. Cette dilution des frontières entre

---

183 Y. PICOD, « Concurrence déloyale et concurrence anticontractuelle », *in La concurrence déloyale*, *op. cit.*, p. 11.

184 P. ROUBIER, *op. cit.*, n° 4, p. 12.

185 J. J. BURST, « La reconstitution des "monopoles" de propriété industrielle par l'action en concurrence déloyale ou en responsabilité civile : mythe ou réalité ? », *in Mélanges dédiés à Paul Mathély*, Litec, 1990, p. 93 ; J. M. MOUSSERON, « Responsabilité civile et droits intellectuels », *in Mélanges Albert Chavanne. Droit pénal. Propriété industrielle*, Litec, 1990, p. 247, v., spéc., n° 18 et s. V., également, M.-L. IZORCHE, « Concurrence déloyale et parasitisme économique », *in La concurrence déloyale*, *op. cit.*, p. 27.

concurrence déloyale et contrefaçon a été critiquée par Jérôme PASSA dans sa thèse de doctorat[186].

126. Selon les pays concernés, la concurrence déloyale est sanctionnée soit grâce à un texte spécial qui lui est consacré soit grâce aux mécanismes de la responsabilité civile[187]. Dans le premier cas, il suffit que les conditions prévues par la loi soient satisfaites pour qualifier le caractère déloyal d'une activité[188]. Dans le second cas, la qualification exige de démontrer que la responsabilité civile délictuelle d'un acteur économique peut être mise en cause. Pour cela, il est nécessaire de prouver la réunion d'une faute, d'un préjudice et d'un lien de cause à effet les unissant. Le système français de sanction de la concurrence déloyale est bâti sur les mécanismes de la responsabilité civile délictuelle. À la suite de ROUBIER, on considère souvent que le lien de concurrence entre le fautif et la victime est obligatoire[189]. Cette position est toutefois à nuancer. Certes, un lien de concurrence est nécessaire, mais il ne doit pas être compris de manière trop stricte. La jurisprudence exige parfois que les entreprises en cause se disputent une clientèle identique[190.] Une telle interprétation est excessive, puisque cette identité de clientèle ne conditionne pas l'existence d'une concurrence déloyale. En vérité, il suffit que les activités en question soient identiques ou similaires, de

186 V. J. PASSA, *Contrefaçon et concurrence déloyale*, Litec, IRPI, t. 15, 1997. V. égale. J. PASSA, « Propos dissidents sur la sanction du parasitisme économique », *D.* 2000, p. 297.

187 B. DUTOIT, « Convergences et divergences des droits nationaux de la concurrence déloyale dans la CEE », *in Un droit européen de la concurrence déloyale en formation ?*, Actes du colloque de Lausanne, Librairie Droz, 1994, p. 97.

188 Nous pouvons citer par exemple la loi allemande contre la concurrence déloyale de 1909. V. D. REIMER, *La répression de la concurrence déloyale en Allemagne*, Économica, 1967, p. 92 et s.

189 P. ROUBIER, *op. cit.*, n° 108, p. 498. V. TGI Créteil, 10 mai 1994, *PIBD* 1994, III, p. 460.

190 CA Paris, 30 avril 1936, *Ann. propr. ind.* 1936, p. 32.

façon à ce que le public puisse penser que les produits ou services proviennent de la même entreprise[191].

127. Concernant la faute, elle ne constitue pas, dans ce cas, la simple commission d'un préjudice. Elle exige l'existence d'actes déloyaux. En d'autres termes, la concurrence déloyale consistera dans la réalisation d'actes contraires au comportement d'un concurrent prudent. On recherche ainsi à sanctionner un excès de la libre concurrence. Cet acte contrevient aux usages honnêtes et loyaux pratiqués entre concurrents. ROUBIER a répertorié quatre types de comportements fautifs. : la confusion, le dénigrement, la désorganisation interne de l'entreprise rivale, les moyens de désorganisation du marché[192]. Mais cette liste n'est pas exhaustive[193]. ROUBIER estime, par ailleurs, que la divulgation d'un secret constitue une forme de désorganisation de l'entreprise rivale[194].

128. L'ingénierie inverse paraît essentiellement susceptible de constituer une désorganisation de l'entreprise rivale, car elle peut viser la divulgation d'un secret. Cette désorganisation interne d'une entreprise se différencie de la désorganisation externe du marché, qui consiste dans des comportements illicites portant atteinte aux intérêts d'une profession, voire aux intérêts du consommateur. En tous cas, la désorganisation peut prendre la forme soit de l'appréhension d'une information soit de son usurpation. L'appréhension consiste dans la prise de connaissance illégitime du contenu d'un secret

---

191 J.-M. MOUSSERON, « Parasitisme et recherche-développement », *DB* 1987, III, p. 1.

192 P. ROUBIER, *op. cit.*, n° 110, p. 504, v., spéc., p. 505. V. M. MALAURIE-VIGNAL, Droit de la concurrence interne et européen, 5e éd., Sirey, Sirey Universités, 2011, n° 355 et s., p. 174 et s. ; *Atteintes à la production et à l'organisation commerciale de l'entreprise concurrente, in JCl. Conc. consomm.*, Fasc. 225, par M. MALAURIE-VIGNAL, actualisé par C. LE GOFFIC (11 juillet 2011), n° 2 et s., p. 3 et s.

193 J.-M. MOUSSERON, « Entreprise : parasitisme et droit », Rapport aux entretiens de Nanterre d'avril 1992, *Cah. dr. entr.* 1992, n° 6, p. 15.

194 P. ROUBIER, *op. cit.*, n° 121, p. 554.

contre le gré de son détenteur, que cet accès soit direct ou indirect. L'accès est direct lorsque le concurrent en prend connaissance via un espionnage industriel[195]. Dans ce cas, le problème est moins de prouver le caractère malhonnête du comportement que de prouver l'espionnage réalisé, parce que celui-ci est, par définition, discret. L'accès à l'information est indirect lorsqu'il résulte de la révélation du secret par un ancien salarié ou par un salarié qui est encore à son service. En outre, la désorganisation peut aussi prendre la forme d'une usurpation quand une entreprise usurpe des informations au cours de la négociation ou de l'exécution d'un contrat[196].

129. Bien que l'hypothèse semble être moins vraisemblable, l'ingénierie inverse pourrait aussi constituer un dénigrement de l'entreprise rivale. En effet, la rétroconception peut aboutir à un acte de dénigrement, lorsque, par exemple, elle vise à divulguer les failles d'un système. Le dénigrement consiste en effet dans la mise en cause de la qualité ou du prix des produits. C'est la divulgation auprès de la clientèle qui permet de la distinguer de la désorganisation[197]. Une telle divulgation existe en présence d'un dénigrement, ce qui n'est pas le cas en présence d'une désorganisation. Or, bien que ce ne soit pas son but premier, il se peut que l'ingénierie inverse ait pour objectif de mettre en lumière la faille d'un système concurrent. Cet acte peut viser l'activité professionnelle en mettant en

---

195 V., notam., TGI Boulogne sur mer, 26 novembre 1976, *JCP G* 1978, IV, 68.

196 V., notam., Cass. com., 3 octobre 1978, *JurisData* n° 1978-097207, *Bull. civ.* IV, n° 207, *D.* 1980, p. 55 ; Cass. com., 7 avr. 1998, *D.* 1999, p. 514, note P. CHAUVEL (l'entreprise qui divulgue, à l'issue de la la rupture de pourparlers, des informations communiquées lors des négociations commet un acte de concurrence déloyale) ; Cass. com., 25 sept. 1985, *Gaz. Pal.* 1985, 1, somm. 6 ; CA Rouen, 13 janvier 1981, *D.* 1983, p. 53, note A. LUCAS ; Trib. com. Évry, 6 avril 2011, *Expertises* 2011, p. 238 (une personne divulguant un secret dont elle a eu connaissance au cours d'un audit, alors qu'elle avait conclu un accord de confidentialité, s'est appropriée un savoir faire par des moyens déloyaux).

197 M. TEXIER, La désorganisation. Contribution à l'élaboration d'une théorie de la désorganisation en droit de l'entreprise, Presses universitaires de Perpignan, Études, 2006, n° 144 et s., p. 123 et s.

cause les compétences du concurrent[198]. Il peut également s'agir de dénoncer la piètre qualité des produits qu'il vend[199].

130. L'ingénierie inverse est susceptible d'aboutir à une concurrence déloyale lorsque son but est de désorganiser ou de dénigrer une entreprise concurrente. Elle peut également dégénérer en parasitisme quand son but est de profiter des investissements d'une entreprise avec laquelle elle n'est pas en concurrence (B).

B. Le parasitisme

131. La rétronconception est de nature à constituer, en soi, un acte permettant de profiter des investissements d'un tiers, autrement dit il peut s'agir d'un acte de parasitisme. De même, la divulgation d'un secret capté constitue également un comportement parasitaire. Il convient de définir cette notion pour ensuite déterminer comment elle peut être mise en œuvre à propos de l'ingénierie inverse. Le parasitisme est l'acte par lequel un tiers vit en « parasite » dans le sillage d'un autre afin de profiter des investissements que ce dernier a réalisés[200]. On

---

198 Cass. com., 5 janvier 1961, *Bull. civ.* IV, n° 10.

199 Cass. com., 5 octobre 1976, *Bull. civ.* IV, n° 248 ; 2 octobre 1978, *D.* 1979, 19. V. Cass. com. 22 novembre 1965, *Bull. civ.* III, n° 591 ; 21 février 1967, *Bull. civ.* III, n° 82 ; CA Paris, 20 déc. 1990, *Contrats, conc. consom.* 1991, comm. 215, note G. RAYMOND ; CA Paris, 4 nov. 1976, *D.* 1977, p. 405, note J. VUITTON ; Cass. com. 5 octobre 1982, *Bull. civ.* IV , n° 296, *D.* 1983, p. 210, note Ch. GAVALDA, C. LUCAS DE LEYSSAC ; CA Paris, 5 mars 1987, *D.* 1987, p. 82 ; CA Paris, 12 février 1988, *D.* 1988, p. 75 ; CA Versailles, 30 janvier 1997, *D. Aff.* 1997, p. 436.

200 Ph. le TOURNEAU, Le parasitisme, Litec, Responsabilités, 1998, n° 23, p. 19 : « L'agissement parasitaire est le fait, par un agent économique, de vivre aux crochets d'un autre, car de même que le parasite végétal ou animal vit en association imposée avec un autre végétal ou animal dont il se nourrit (le mot vient du grec parasitos, de sitos, nourriture), le parasite commercial tire profit de l'activité d'autrui sans bourse délier. » Cette notion a été introduite en droit français par SAINT-GAL (v. Y. SAINT-GAL, « Concurrence déloyale et concurrence parasitaire (ou agissements parasitaires) », RIPIA 1956, n° 25-26, p. 19, v., spéc., p. 37). La paternité en revient, notamment, à

peut estimer que le parasitisme constitue une sorte de déloyauté particulièrement manifeste. La prise en compte des agissements parasitaires proviendrait alors d'une extension de la notion de concurrence déloyale. En ce sens, la différence souvent faite entre concurrence parasitaire, lorsque les entreprises sont concurrentes, et agissement parasitaire, quand elles ne le sont pas, ne se justifierait pas[201]. Mais, en vérité, l'agissement parasitaire n'entre ni dans le cadre classique de l'atteinte aux droits incorporels ni dans celui de la concurrence déloyale. Autrement dit, « *pour doublement répréhensible qu'il soit n'en reste pas moins juridiquement inattaquable* »[202]. Cet acte doit donc être dissocié de la concurrence parasitaire, laquelle consiste à s'immiscer dans le sillage d'un concurrent.

132. Le parasitisme peut être sanctionné par l'intermédiaire des mécanismes de la responsabilité civile délictuelle. Cela implique cependant, comme pour la concurrence déloyale, que les conditions de mise en cause de cette responsabilité soient réunies. Il convient, par conséquent, de démontrer qu'il existe une faute, un dommage et un lien de causalité entre eux. En l'occurrence, le parasitisme consiste dans un détournement d'investissements. On peut donc considérer qu'il y a faute dès qu'il existe des investissements dont le prétendu parasite aurait tenté de profiter[203]. Ensuite, cette faute doit être à l'origine d'un dommage[204]. Un lien de concurrence est susceptible d'exister, dans ce cas, le dommage consiste dans la diminution du chiffre d'affaires, grâce à des prix de revient et prix de vente plus bas pour le parasite[205]. Certaines décisions évoquent

---

FRANCESCHELLI. V. R. FRANCESCHELLI, « Concorrenza parassitaria », Riv. dir. ind. 1956/1, p. 265 ; « La concurrence parasitaire en Italie », in La concurrence parasitaire en droit comparé, Colloque (actes du colloque de Lausanne), Librairie Droz, 1981, p. 7.

201 J.-J. BURST, *Concurrence déloyale et parasitisme*, Dalloz, Droit usuel/Affaires, 1993, n° 181, p. 98 et n° 182, p. 98, v., spéc., p. 99.

202 J. DUPICHOT, « Pour une réflexion doctrinale sur la nécessaire sanction du parasitisme économique », *Gaz. Pal.* 1987, I, 348.

203 CA Toulouse, 19 octobre 1988, *D.* 1989, p. 209, note J.-J. BARBIÈRI.

204 CA Paris, 4 juin 1991, *PIBD* 1991, III, p. 647.

205 CA Paris, 13 juin 1991, *PIBD* 1991, III, p. 655.

également une dérive de clientèle[206]. À défaut de dommage concurrentiel, le détournement d'investissement provoque un autre type de préjudice, la banalisation de l'image[207]. Concernant le lien de causalité, sa démonstration ne suscite aucune difficulté particulière. Il suffit de réussir à rattacher l'amoindrissement du chiffre d'affaires au comportement du parasite.

133. L'ingénierie inverse est susceptible de constituer un acte de parasitisme lorsqu'il s'agit d'accéder à un savoir-faire[208]. On peut en effet considérer que dans ce cas il existe une captation du secret permettant de bénéficier des investissements qu'il a nécessités. L'acte parasitaire pourra plus exactement consister dans la divulgation[209] ou dans le pillage[210] du secret.

134. Dans une espèce déjà citée, une société reproche à une autre société d'avoir mis au point un logiciel inspiré de son propre logiciel de gestion des services après-vente automobiles. La société concurrente a mis au point son logiciel en procédant à ce que l'on appelle une ingénierie inverse, c'est-à-dire qu'elle a démonté le logiciel pour le copier. La société « victime » reproche à son concurrent une contrefaçon de droit d'auteur, une concurrence déloyale et des agissements parasitaires. Ce dernier point est retenu[211].

---

206 CA Paris, 2 octobre 1991, *PIBD* 1992, III, p. 115.

207 J.-M. MOUSSERON, Note ss. CA Paris, 22 avril 1969, *D.* 1970, p. 214 ; J.-M. MOUSSERON *et al.*, *Droit de la distribution*, Litec, Bibliothèque du droit de l'entreprise, t. IV, 1975, n° 613, p. 484. V. CA Paris, 21 déc. 1989, *PIBD* 1990, III, 340 ; TGI Paris, 27 février 1986, *PIBD* 1986, III, p. 222 ; TGI Paris, 10 novembre 1987, *PIBD* 1988, III, 165 ; TGI Lyon, 20 avril 1989, *PIBD* 1990, III, p. 193.

208 N. PINTO, D. TAYLOR, « La décompilation des logiciels : un droit au parasitisme », *D.* 1999, p. 463.

209 Cass. com., 25 mars 1969, *D.* 1969, p. 86 ; 8 janvier 1979, *D.* 1969, p. 248.

210 Cass. com. 8 novembre 1994, *PIBD* 1995, III, p. 74 ; CA Rouen, 14 février 1994, *PIBD* 1994, III, p. 455 ; CA Paris, 29 septembre 1994, *D.* 1995, p. 210, note Y. SERRA ; CA Paris, 29 nov. 1996, *RJDA* 1997, n° 296.

211 Cass. civ. 1ère, 3 mai 2018, pourv. n° 16-26.531.

135. La captation du secret d'une autre entreprise avec laquelle on n'est pas en concurrence constitue un acte parasitaire engageant la responsabilité de son auteur. Il s'agit en particulier de sanctionné le fait de profiter des investissements de ce tiers sans bourse déliée. Le mécanisme de l'enrichissement sans cause permet aussi de sanctionner l'acte par lequel une personne s'enrichit au détriment d'un tiers (**C**).

C. L'enrichissement sans cause

136. L'ingénierie inverse en ce qu'elle autorise l'accès au secret d'un tiers pourrait aussi constituer un enrichissement dénué de cause pour son auteur. En effet, en l'absence de moyen de droit tiré du contrat ou de la responsabilité délictuelle disponible pour sanctionner un tel profit illégitime, on tend à se référer à la théorie de l'enrichissement sans cause. Le devoir de réparation est donc subsidiaire, puisque subordonné à l'absence d'autres voies de droit. La mise en œuvre de cette théorie suppose la réunion de deux éléments[212]. Le premier est d'ordre matériel, c'est l'existence d'un enrichissement et d'un appauvrissement corrélatif, qui sont unis entre eux par un lien de cause à effet. Le second est d'ordre juridique, l'enrichissement doit être dépourvu de cause, c'est-à-dire qu'il n'existe aucun mécanisme juridique, aucun titre ne justifiant le transfert de valeur.

137. Plusieurs limites peuvent faire obstacle à la sanction de l'enrichissement[213]. D'abord, l'action *de in rem verso* n'est envisageable que quand elle est introduite pour suppléer à une autre voie de droit qui n'est pas invocable[214]. Il ne pourra par

212 J. CARBONNIER, *Droit civil. Vol. II, Les biens. Les obligations*, PUF, Quadrige Manuels, 2004, n° 1123, p. 2435, v., spéc., p. 2436 ; Ph. MALAURIE, L. AYNÈS, *Les obligations*, LGDJ, Droit civil, 6e éd., 2013, n° 1063 et s., p. 570 et s.

213 J. CARBONNIER, *op. cit.*, n° 1224, p. 2437.

214 V. M. PLANIOL, G. RIPERT, *Traité pratique de droit civil français. T. VII. Obligations. Deuxième partie*, LGDJ, 1954, no 763, p. 71.

exemple l'utiliser s'il disposait d'une action en vertu d'un contrat et qu'elle est prescrite. Ensuite, si l'enrichissement ne correspond pas l'appauvrissement, il n'en demeure pas moins que l'appauvri peut n'être indemnisé que dans la limite de son appauvrissement. Enfin, l'action ne peut pas être intentée par l'appauvri s'il avait pu éviter son appauvrissement s'il n'avait pas commis de faute.

138. Le professeur André LUCAS considère pourtant que la théorie de l'enrichissement sans cause serait la technique de protection la plus adéquate pour une création industrielle abstraite, lorsqu'elles ne sont pas l'objet d'une propriété intellectuelle. « *Plus que les techniques de la responsabilité civile, l'action* de in rem verso *fournirait une arme efficace au créateur qui ne peut exercer une action en contrefaçon. Si l'on admet, par exemple, que celui qui exploite une invention non brevetée peut être considéré comme s'enrichissant sans cause aux dépens de l'inventeur, ce dernier bénéficie d'une situation privilégiée ; il n'aurait plus à apporter la preuve d'une faute du défenseur ; en effet, il est admis aujourd'hui que l'action* de in rem verso *n'est pas fondé sur une faute de l'enrichi ; l'inventeur devrait donc seulement apporter la preuve d'un enrichissement et d'un appauvrissement corrélatifs ; sa tâche serait donc facilitée et l'efficacité de cette protection indirecte ne pourrait être niée.* »[215] Pourtant, l'appréhension et l'usurpation d'un secret ont rarement été sanctionnées grâce à cette théorie. On note toutefois qu'elle a été accueillie dans un litige opposant un employé à son ancien employeur[216]. L'employé en question avait inventé un procédé de fabrication, non breveté à l'époque des faits. Il avait poursuivi son ancien employeur qui avait utilisé cette invention sans lui verser d'indemnité.

139. Le faible recours à ce mécanisme s'explique du fait des conditions restrictives de son admission. Deux situations sont à distinguer. Soit la divulgation frauduleuse est effectuée par

---

215 A. LUCAS, *La protection des créations industrielles abstraites*, Litec, CEIPI, t. 11, 1975, n° 378, p. 246.

216 CA Paris, 8 nov. 1963, *Ann. propr. ind.* 1964, p. 245, note P. MATHÉLY.

des tiers et elle est constitutive d'un délit pénal ou au moins d'une faute civile. Dans ce cas, la théorie ne peut être mise en œuvre, car l'exigence de subsidiarité n'est pas remplie, puisque d'autres actions pénale ou civile sont envisageables. Soit au contraire le secret a perdu son caractère confidentiel et est tombé dans le domaine public, mais là c'est la condition d'absence de cause qui n'est pas remplie. Enfin cette action *de in rem verso* ne pourrait ne pas assurer une condamnation suffisante, car elle ne vise pas à sanctionner un comportement, mais simplement à garantir une restitution.

140. Cette théorie a davantage de succès aux États-Unis. À l'inverse de ce qui se passe en droit européen, l'appauvrissement du détenteur d'un savoir-faire n'est pas au cœur des préoccupations[217]. On recherche plutôt si en application de l'*equity*, ce détenteur mérite, au regard des circonstances, une restitution. Il obtiendra ainsi des fois plus des fois moins que la perte subie. De nombreuses décisions ont reconnu que la captation d'un savoir-faire constituait un enrichissement sans cause. La théorie a été accueillie à propos de la captation d'un savoir-faire dès une décision rendue en 1946 dans l'affaire *Matarese c/Moore Cormack Lines Inc.*[218]. Ce litige opposait l'inventeur d'un nouveau procédé pour charger et décharger les navires à quai à l'exploitant d'une jetée. L'inventeur avait divulgué son procédé à cet exploitant et il avait accepté d'en assurer la mise au point pour son compte en contrepartie de l'engagement de lui verser un tiers du montant des économies réalisées par l'utilisation ultérieure du système. Suite à l'inexécution de cet engagement, l'inventeur a intenté une action fondée sur l'enrichissement sans cause qui a été accueillie par la Cour. Le contrat peut également entrer en

---

217 F. DESSEMONTET, *Le savoir-faire industriel*, Imprimeries Réunies S.A., 1974, p. 290.

218 *Matarese c/ Moore Cormack Lines Inc.*, 71 USPQ 311 (2e Fed. Cir 1946). De nombreuses décisions ont par la suite été rendues en ce sens. V. *Galanis c/ Procter and Gamble Corp.*, 114 USPQ 275 (S.D.N.Y. 1957). V. *William A. Meyer Co. c/ Anchor Hocking Corp.*, 88 USPQ 249 (D.C. Penn. 1951) ; *Trenton Industries c/ Peterson Mfg. Co.*, 119 USPQ 41 (S.D. Cal. 1958) ; *Osborn c/ Boeing Airplane Co.*, 135 USPQ 145 (9th Cir. 1962).

ligne de compte directement quand il prévoit des stipulations de nature à faire obstacle au *reverse engineering* (§ **2**).

§ 2 La responsabilité contractuelle

141. Dans de nombreuses situations, le contrat peut permettre une limitation de la liberté d'un cocontractant, soit par sa nature même soit par l'insertion de certaines clauses. Ainsi, un acte d'ingénierie inverse pourrait enfreindre les dispositions d'une convention, non du fait de l'accès à une information secrète, mais du fait de la divulgation de ce secret. Ce n'est donc pas l'ingénierie inverse en elle-même qui serait susceptible d'engager la responsabilité contractuelle, mais la divulgation de l'information obtenue. Il est aussi envisageable que le contrat interdise la réalisation d'actes de reverse engineering. Dans ce cas, la rétroconception est en soi contraire aux termes de la convention. Toutefois, cette interdiction ne suscite pas, à notre connaissance, d'interrogations. En revanche, la protection du secret en soulève de nombreuses, en particulier parce qu'il est malaisé de circonscrire l'obligation de secret et ses conséquences. Les difficultés soulevées sont différentes selon que l'on soit en présence d'un contrat de travail (**A**), d'un contrat de communication de savoir-faire (**B**), d'un contrat de vente (**C**) ou encore d'un contrat de recherche (**D**).

A. Le contrat de travail

142. Le contrat de travail comporte-t-il par sa nature même une obligation de secret ? Dans l'affirmative, le salarié serait tenu de ne pas dévoiler un secret de l'employeur ni de lui cacher les nouveaux procédés découverts au cours de l'exécution du contrat. Tous les salariés seraient tenus d'une obligation de loyauté de laquelle découlerait une obligation de discrétion[219]. On estime parfois que cela relève plutôt de l'obligation d'exécuter une convention de bonne foi imposée par l'article 1134 alinéa 3 du Code civil[220].

143. Il est aussi imaginable que le contrat ou une convention collective organise le secret. L'employeur doit alors inclure une clause de non-communication de savoir-faire. Il peut également subordonner toute publication scientifique à son autorisation. Le contrat est par ailleurs susceptible de prévoir que le destinataire de l'information ne la communique qu'aux employés « directement impliqués par le contrat » ou à ceux qui « utilisent le matériel nécessaire à l'exploitation des données communiquées ». Des clauses énumératives sont aussi envisageables : le bénéficiaire pourra communiquer à ses « mandataires, collaborateurs, associés ou conseils »[221]. Le plus souvent le maître de l'information fera appel à une clause de garantie selon laquelle le bénéficiaire engagera sa responsabilité en cas d'inexécution du fait de ses auxiliaires[222]. On peut aussi prévoir une clause incluant l'engagement direct de l'employé envers le maître initial de l'information[223]. De même, une clause expresse est susceptible de maintenir ces obligations après la fin du contrat. Mais il faut faire attention, car cette clause doit avoir pour but de sauvegarder les intérêts légitimes de l'employeur et non de supprimer la liberté d'exercice d'une activité professionnelle. Enfin, en cas d'inexécution on applique le droit commun des contrats. Il est possible, en outre, d'inclure une clause pénale, de manière à prévoir préalablement une sanction en cas d'inexécution. En

---

219 R. SAINT-ALARY, « Rapport sur le secret des affaires en droit français », *in Le secret et le droit (Journées Libanaises). Travaux de l'Association Henri Capitant. T. XXV*, 1974, p. 263, v., spéc., p. 270.

220 A. SEUBE, « La réservation du Know-How par le droit des contrats », p. 79, v., spéc., p. 81.

221 F. NAMMOUR, *Les clauses de secret ou la réservation de l'information par le contrat*, Imprimerie Féghali Furn El Chebback, 1996, n° 103, p. 58.

222 *Ibid.*, n° 110, p. 60.

223 *Ibid.*, n° 114, p. 61, v., spéc., p. 62.

tout état de cause, il peut être préférable de prévoir un contrat spécifiquement dédié à la communication du savoir-faire (**B**).

B. Le contrat de communication de savoir-faire

144. Le contrat de savoir-faire est généralement qualifié de contrat d'entreprise. Pourtant, l'objet de la convention, le savoir-faire, semble plutôt constituer une chose qui est vendue à l'acheteur. Quoi qu'il en soit les clauses incluses dans la convention protègent le secret qu'il contient, de telle sorte que certains comportements, comme la divulgation du secret par exemple, sont prohibés. Cette protection du secret encadre ainsi la rétronconception qui ne pourra aboutir à la divulgation d'une information ayant un lien quelconque avec le secret en cause.

145. On admet généralement que le contrat de savoir-faire n'est ni un contrat de louage ni un contrat de vente, du fait de l'absence d'une propriété portant sur le savoir-faire. En effet, à défaut d'une chose, il est impossible de considérer qu'il y ait respectivement soit un prêt soit un transfert de la chose. Les auteurs s'accordent à dire que le contrat de communication de savoir-faire constitue un contrat de louage d'ouvrage, autrement dit un contrat d'entreprise[224]. Ce type de contrat se caractérise par trois éléments : exécution d'une prestation, de manière indépendante et sans représentation[225]. Finalement, par cette convention, le détenteur mettrait son « entreprise » au service de son cocontractant. Ce serait alors « *le contrat par*

---

224 P.-H. ANTONMATTEI, J. RAYNARD, *Droit civil. Les contrats spéciaux*, Litec, Manuel, 7e éd., 2013, n° 115, p. 106, v., spéc., p. 107 ; J. HUET, *et al.*, *Les principaux contrats spéciaux*, LGDJ, Traité de droit civil, 3e éd., 2012, n° 32110, p. 1205.

225 *Ibid.*, n° 421 et s., p. 355 et s.

lequel un communicant s'engage à enseigner une technique, un certain savoir-faire à une autre personne en contrepartie d'une rémunération »[226].

146. Toutefois, le savoir-faire constitue une connaissance technique. Il ne s'agit pas de l'enseigner au cocontractant, mais de lui confier cette connaissance en contrepartie d'une rémunération. Autrement, il faudrait considérer que la licence portant sur l'invention serait un contrat par lequel le breveté s'engage à enseigner une technique. En vérité, l'application de la qualification de contrat d'entreprise au contrat de savoir-faire résulte d'un choix effectué par élimination. S'agissant ni d'une location ni d'une vente, ce ne peut être qu'un louage d'ouvrage. Pourtant, cette qualification semble étrange dans la mesure où il n'est nullement question d'entreprendre un ouvrage. On est en présence d'un contrat se rapprochant davantage de la licence d'invention, voire de la cession. Il s'agit en effet de louer ou de céder un savoir-faire. Pourquoi alors refuser ces qualifications ? Le rejet de l'appropriation du savoir-faire par un droit de propriété explique le rejet de ces qualifications. Un savoir-faire n'est pas susceptible d'être l'objet d'une propriété. Par conséquent, il n'est pas possible de louer ou de le vendre. Cette position est néanmoins critiquable, dans la mesure où elle est fondée sur une conception matérialiste de la propriété, selon laquelle cette dernière ne concernerait que des choses corporelles et des droits. Ce postulat est contestable puisque la propriété est la relation par laquelle une chose constitue un propre. Elle n'est donc point conditionnée par la nature de son objet. L'idée d'une licence ou d'une cession de savoir-faire serait d'ailleurs plus à même d'assurer au cessionnaire les garanties auxquelles il devrait pouvoir prétendre. D'autant plus que nous sommes

---

226 J. SCHMIDT, « Garanties de résultat et contrat de communication de savoir-faire », *in Garanties de résultat et transfert de techniques*, Colloque (actes du colloque organisé à la faculté de droit de Montpellier en 1977), Librairies techniques, Actualités du droit de l'entreprise, vol. 9, 1979, p. 105, v., spéc., p. 106.

en l'occurrence plus proches de la licence ou de la cession que du louage[227].

147. Le contrat de communication de savoir-faire est susceptible de comprendre différents types de clauses protégeant la confidentialité de cette connaissance. Il peut s'agir soit de clauses protégeant directement le savoir-faire (**1**) soit de clauses le protégeant indirectement (**2**).

1) La protection directe du savoir-faire

148. Il est possible de protéger directement le savoir-faire en instaurant une clause de confidentialité destinée à éviter toute divulgation du secret (**a**). On peut aussi envisager de mettre en place une clause de non-exploitation qui empêchera au contractant d'exploiter le savoir-faire avant ou après la période contractuelle (**b**).

a) La clause de confidentialité

149. L'obligation de secret peut prendre la forme d'une obligation générale de ne pas divulguer (obligation de ne pas faire) conjuguée à une obligation de secret (obligation de faire). Des variations sont imaginables, par exemple l'insertion d'une

---

227 Ainsi, certains auteurs, qui adoptent la qualification du contrat d'entreprise, en arrivent à une conclusion identique : « *Pourtant le communicant ne réalise pas quelque chose pour autrui, n'exécute pas une tâche impliquant la mise à disposition de sa personne : il communique des connaissances, prêtes à être transmises en tant que telles. Dès lors, malgré l'absence de droit privatif à céder, il est clair que l'opération est plus proche d'une vente que d'un louage.* » (J. HUET, *et al.*, *loc. cit.*). Aux même auteurs d'en conclure ceci : « Dans ces hypothèses où l'objectif poursuivi par les parties est d'opérer un transfert de valeur économique, mieux vaut, même si l'assimilation n'est pas possible en l'absence de droit privatif à céder, raisonner par analogie avec la vente et transposer les mécanismes de celle-ci : délivrance, garantie contre l'éviction, garantie contre les vices cachés » (ibid., n° 32110, p. 1205, v., spéc., p. 1205 et 1206).

obligation de ne pas chercher à savoir[228]. Par cette obligation, le contractant s'engage à adopter un comportement déterminé. C'est une obligation de faire qui constitue une obligation de résultat dans la mesure où son débiteur s'oblige non seulement à agir, mais aussi, en outre, à procurer un résultat : le secret[229]. Enfin, il va de soi, en tous cas, que le destinataire de l'information n'est pas en mesure de s'engager dans une autre convention qui serait de nature à mettre en danger ce secret.

150. Lors de la rédaction de la clause, il convient de déterminer quelles sont les informations soumises au secret et qui en est le débiteur. La délimitation de l'objet de la protection peut notamment s'opérer par l'énumération des informations constituant des savoir-faire. À cette voie énumérative, on peut aussi préférer définir en quoi consiste exactement le savoir-faire protégé. Il est par ailleurs souhaitable d'inclure des obligations relatives à la sécurité entourant le secret : précision des moyens que le débiteur devra mettre en œuvre[230] ; énumération des personnes qui pourront se voir communiquer l'information ; la soumission d'une telle transmission à l'autorisation du communicant ; l'obligation pour le destinataire d'imposer à d'autres destinataires une obligation de confidentialité ; l'interdiction faite aux salariés de prendre les documents chez soi ; l'obligation de restitution des documents à la fin du contrat ; soumission de la reproduction à une procédure ; protection d'un serveur interne contre les téléchargements ; reproduction sur support papier limitée à un certain nombre d'exemplaires. De façon plus générale, la clause peut comprendre des précisions sur la nature du comportement prohibé, voire, de façon généralement

---

228 M. VIVANT, « Les clauses de secret », *in Les principales clauses conclues entre professionnels*, PUAM, 1990, p. 102, v., spéc., n° 3.

229 F. NAMMOUR, *op. cit.*, n° 73, p. 44.

230 Comme l'obligation de l'apposition d'un sigle confidentiel sur tous les documents relatifs à cette recherche, ou l'obligation de conservation des informations dans un coffre-fort ou encore l'obligation de détruire les échantillons non remis au donneur d'ordre. V. P. MOUSSERON, J. RAYNARD, J.-B. SEUBE, *Technique contractuelle*, Francis Lefebvre, 4e éd., 2010, n° 701, p. 300.

exemplative, une liste des actes prohibés. L'ensemble de ces obligations est aussi de nature à être inséré dans un accord distinct relatif à la sécurité entourant le secret. *In fine*, la mise en place d'un accord externalisé relatif au secret peut paraître préférable à une clause[231]. Dans ce cas, il faut prévoir que le contrat de secret ne soit pas touché par une des causes de disparition du contrat principal, dont il est accessoire, mais qu'il pourra cependant être automatiquement transféré avec lui. Autrement, l'engagement est lié aux vicissitudes du contrat principal, notamment quand ce dernier est annulé. Mais si clause de secret dans un acte instrumentaire distinct : est-ce que nullité acte principal entraîne nullité de la clause : dépend si clause est accessoire ou non l'accessoire du contrat[232]. En outre, lorsque des informations confidentielles figurent dans le contrat, il est conseillé de ne pas remettre à celui qui s'engage un exemplaire de l'instrumentum. Toutefois, cela n'est possible qu'avec le contrat unilatéral, puisque sinon la fourniture d'un exemplaire de l'*instrumentum* est obligatoire en vertu de l'article 1325 du Code civil[233]. Par la suite, le rajout d'une clause complémentaire ou la conclusion d'un nouveau contrat pour créer de nouvelles limitations seront toujours envisageables.

151. En outre, la clause de confidentialité doit fixer la durée de l'engagement, en particulier en indiquant la date à laquelle commence l'engagement, sachant que le terme du contrat en constitue implicitement la fin. La convention peut prévoir une qualification différente pour l'obligation de secret et n'en faire qu'une obligation de moyen. La clause ou l'accord déterminera ou rendra déterminable ma durée du comportement prohibé. Les parties préfèrent souvent l'expression « jusqu'à la chute de l'information dans le domaine public » qui n'apporte guère de sécurité aux intéressés. Il est souvent prévu que l'obligation de

231 J.-M. MARMAYOU, « Clause de secret et de confidentialité », *in Les principales clauses des contrats d'affaires*, ss dir. J. MESTRE, J.-Ch. RODA, Lextenso éditions, Les intégrales, n° 3, 2011, p. 979, v., spéc, n° 1737.

232 F. NAMMOUR, *op. cit.*, 509, p. 234.

233 J.-M. MARMAYOU, préc., v., spéc, n° 1738.

l'entrepreneur de recherche cessera dès lors que le donneur d'ordre aura divulgué l'information.

152. En cas d'inexécution, la mise en œuvre de la clause de confidentialité suscite des difficultés de preuve[234]. En effet, dans un premier temps, il faut à la fois prouver que le savoir — faire est connu d'un tiers et qu'il le met en œuvre. Dans un second temps, il faut prouver que cette connaissance du savoir-faire provient du cocontractant. Ces difficultés appellent l'introduction d'une présomption en vertu de laquelle la divulgation du savoir-faire, au cas où elle aurait lieu, serait du fait du débiteur.

153. L'inexécution de la clause autorise la mise en cause de la responsabilité contractuelle de droit commun. S'agissant d'une obligation de résultat, le simple non-respect suffit pour engager la responsabilité contractuelle de son débiteur en application de l'article 1147 du Code civil. En principe, seule une réparation par l'intermédiaire de dommages et intérêts sera envisageable. Toutefois, les parties peuvent prévoir une clause résolutoire. Cette dernière permet de prévoir la résolution du contrat de plein droit au cas où une partie n'exécuterait pas son obligation. Une telle clause évite contractant d'avoir besoin de recourir au juge si inexécution il y a[235]. La principale caractéristique de cette clause est donc la dérogation au principe d'une résolution judiciaire. Son effet demeure en l'occurrence limité dans la mesure où la violation de la clause implique la divulgation du savoir-faire. Or, l'on sait que la preuve d'une telle divulgation est problématique.

---

234 A. LATREILLE, « Réflexion critique sur la confidentialité dans le contrat (suite et fin) », *LPA* 2006, n° 157, p. 4.

235 Ch. PAULIN, « La clause résolutoire », *in La cessation des relations contractuelles d'affaires*, Colloque (actes du colloque organisé par l'Institut de droit des affaires d'Aix-en-Provence à Aix-en-Provence les 30 et 31 mai 1996), PUAM, 1997, p. 57.

154. Certaines clauses peuvent être destinées à aggraver la responsabilité du débiteur en cas de divulgation telles que la clause pénale, la clause de garantie, la clause de porte-fort ou encore celle prévoyant un cautionnement[236]. La clause pénale permet d'instaurer une peine précise en cas d'inexécution de l'obligation[237]. En ce sens, l'article 2.16 des principes *Unidroit* précise « *qu'il y ait ou non conclusion du contrat, la partie qui, au cours des négociations, reçoit une information donnée à titre confidentiel par l'autre partie, est tenue de ne pas la divulguer ni l'utiliser de façon indue à des fins personnelles. Le manquement à ce devoir est susceptible de donner lieu à une indemnité comprenant, le cas échéant, le bénéfice qu'en aura retiré l'autre partie* ». La clause de garantie n'aggrave pas l'indemnité, mais elle se contente d'obliger le débiteur à répondre de l'inexécution même en cas d'un événement de force majeure ou d'un cas fortuit. Dans la clause de porte-fort, le promettant répondra personnellement de l'éventuelle indiscrétion commise par l'un de ses débiteurs subséquents dont il aurait dû obtenir la confidentialité. Une ratification par le bénéficiaire en vertu de laquelle ce dernier assume cette obligation est possible. Par la clause de cautionnement, un tiers, appelé caution, s'engage envers le créancier à exécuter l'obligation du débiteur au cas où ce dernier ne s'en acquitterait pas.

155. En principe, l'obligation de confidentialité cesse lorsque le contrat arrive à son terme. Cependant, la conclusion d'un après-contrat ou l'insertion de certaines clauses sont de nature à éviter cette situation. L'interdiction de divulguer un savoir-faire n'est normalement pas une pratique restrictive de concurrence, mais elle peut le devenir. Par exemple, il a été jugé que la ristourne accordée par des lessiviers à une centrale d'achat était anticoncurrentielle : « *La clause de confidentialité figurant dans les accords conclus avec la société Galec et les lessiviers avait*

---

236 F. NAMMOUR, *op. cit.*, n° 561 et s., p. 261 et s.

237 D. MAZEAUD, *La notion de clause pénale*, LGDJ, Bibliothèque de droit privé, t. 223, 1992 : « *D'abord,* la clause pénale est un contrat qui garantit l'exécution d'une obligation principale [...]. *Ensuite,* en cas d'inexécution, la clause pénale est une peine qui sanctionne l'inexécution illicite de l'obligation garantie. »

non seulement un effet anticoncurrentiel à l'égard des producteurs, mais également à l'égard des distributeurs concurrents qui se trouvaient dans une situation désavantageuse par rapport aux distributeurs auxquels la ristourne était consentie. »[238]

156. Quel est le sort du contrat de communication de savoir-faire si l'information tombe dans le domaine public avant le terme qu'il prévoit ? En d'autres termes, est-ce que disparition du savoir-faire au cours du contrat entraîne la caducité pour absence de cause ? Cette question est la source d'une controverse. En principe, le contrat n'est pas caduc, car on admet que la cause s'apprécie au moment de la formation du contrat. Mais on peut relever certaines décisions contraires disant qu'elle ne s'apprécie pas au moment formation[239]. Dans ce cas, les juges prononcent la nullité de la convention[240]. Ce qui est sûr c'est qu'un franchisé, par exemple, est susceptible de demander la résiliation du contrat en cas de non-renouvellement du savoir-faire[241] ou si le savoir-faire n'est pas transmis au cours du contrat[242]. Comme la cause du contrat est à constater lors de la formation du contrat, il en résulte qu'en principe le licencié doit continuer à payer les redevances même en cas de disparition du secret[243]. Ce paiement des redevances peut être compris comme la contrepartie de l'avantage concurrentiel donné grâce à cette information[244]. Une position identique a été retenue aux États-Unis[245]. Une clause de prix distingue parfois les informations brevetées et

238 Cass. com., 27 janvier 1998, pourvoi n° 96-10694.

239 Cass. civ. 1ère, 16 déc. 1986, *Bull. civ.* I, n° 301, *RTD civ.* 1987, p. 750, note J. MESTRE.

240 CA Paris, 11 juin 1992, *D.* 1992, somm. p. 391, note D. FERRIER. Est nul pour absence de cause le contrat de franchise dont les éléments caractéristiques, à savoir la communication d'un savoir-faire original et expérimenté à la conclusion du contrat, puis lors de l'exécution, l'assistance technique et commerciale préalable et la collaboration avec les franchisés.

241 Cass. com., 19 février 1991, *D.* 1992, somm. p. 391, note D. FERRIER.

242 Cass. com. 7 juillet 2004, inédit, n° 02-19289.

243 P. MOUSSERON, J. RAYNARD, J.-B. SEUBE, *op. cit*, p. 491.

244 A. TURNER, *The Law of Trade Secrets*, Sweet & Maxwell, 1962, p. 428 et 437

245 *Warner-Lambert Pharmaceutical Co. c/ John J. Reynolds Inc.*, 178 F Supp 655 (S.D.N.Y. 1959), 280 F2d 197 (2d Cir. 1960).

non brevetées en prévoyant que s'il y a nullité du brevet les redevances pour brevet ne seront plus à payer. Néanmoins, si licence mixte ou brevet et savoir-faire sont étroitement liés alors le paiement des redevances prendra fin pour défaut de cause si le brevet est annulé. Par ailleurs, quand le savoir-faire est dépourvu de toute pertinence ou n'est pas secret, le contrat peut être annulé pour absence de cause.

157. Une affaire a mis en lumière l'influence d'un accord de confidentialité dans le domaine du logiciel opposant les sociétés *Mobile Distillery* et *Net Innovations*[246]. La première a pour activité le développement et la commercialisation de logiciels facilitant le développement et le partage d'applications interactives en langage *Java* sur les téléphones mobiles. Elle est l'éditrice d'un logiciel dénommé *Celcius* permettant au développeur de logiciels interactifs destinés aux portables de résoudre les difficultés liées à la multiplicité de téléphones mobiles existants sur le marché. En décembre 2004 et en janvier 2005, la Société *Net Innovations* avait été sollicitée pour réaliser un audit sur l'évaluation de l'avance technologique de ce logiciel dont l'acquisition devait être faite auprès de la société *Kaolink*, qui en était l'auteur. La société *Net Innovations* avait signé un accord de confidentialité. Cependant, la société *Mobile Distillery* estime qu'elle a pourtant développé une activité concurrente avec un logiciel dénommé *Umak*. Elle a ainsi intenté une action en contrefaçon et une action pour responsabilité contractuelle, du fait de la violation de l'accord de confidentialité.

158. Le grief de la contrefaçon a en l'espèce été rejeté par les juges : « *Attendu qu'il ressort du rapport de l'expert que le produit de la société Net Innovations a les mêmes finalités que celui de la société* Mobile Distillery *et une cinématique fonctionnelle similaire que cependant le code source et l'interface utilisateur sont différents, ainsi que d'autres éléments que l'expert ne se prononce pas clairement sur l'existence de similitudes suffisantes pour caractériser une contrefaçon* [...]. ». En revanche, la

246 Trib. com. Evry, 6 avril 2011, *Expertises* 2011, p. 238.

violation de l'accord de confidentialité a été constatée par les juges, qui ont également admis que cette violation avait permis à la défenderesse de commettre des actes de concurrence déloyale : « *Attendu qu'en revanche en ce qui concerne la concurrence déloyale, les faits sont clairement établis, que M. D. en violation flagrante de l'engagement qu'il avait pris, avec la complicité des sociétés Unified Mobiles Ltd et Net Innovations, a développé une activité concurrente de celle de la société Mobile Distillery en s'appropriant une partie de son savoir-faire par des moyens déloyaux* […]. » La clause de non-exploitation peut, par ailleurs, compléter la clause de confidentialité (**b**).

b) La clause de non-exploitation

159. L'obligation de non-exploitation est une obligation de ne pas faire relative à l'utilisation du savoir-faire qu'elle vise. Il s'agit d'éviter que celui qui n'est pas encore ou qui n'est plus un partenaire ne concurrence le détenteur légitime du savoir-faire en le mettant en œuvre. En principe, une telle clause se distingue de celle de confidentialité. Toutefois, elles peuvent se confondre lorsque l'exploitation exige nécessairement une divulgation. Hormis ce cas particulier, ces clauses ne se confondent pas. Cette clause est aussi à différencier de la clause de non-concurrence. En effet, l'interdiction d'utiliser un savoir-faire n'est pas synonyme d'une interdiction d'exercer toute activité concurrentielle. La rédaction de la clause sera ici essentielle.

160. Comme pour la clause de confidentialité, la clause de non-exploitation établit une obligation de résultat. Mais à l'inverse de la première la violation de la seconde est susceptible de se résoudre par une astreinte à cesser l'exploitation, sauf dans l'hypothèse où l'exploitation entraînerait la disparition du savoir-faire. Dans ce cas, rien n'exclut la mise en cause de la responsabilité contractuelle du débiteur aboutissant à l'octroi de dommages et intérêts. La preuve de la violation de la clause suscite néanmoins d'importantes difficultés. En effet, sauf le cas particulier des technologies de pointe, il est difficile de démontrer que le savoir-faire a été employé pour fabriquer un produit industriel. De plus, la démonstration de la responsabilité du débiteur dans la divulgation est aussi malaisée à rapporter. Néanmoins, il est possible d'établir une présomption de responsabilité du débiteur au cas où la technologie serait exploitée par un tiers. Outre cette protection directe du savoir-faire, on peut aussi envisager une protection indirecte de ce dernier (**2**).

2) La protection indirecte du savoir-faire

161. On peut renforcer la protection du savoir-faire en imposant des protections indirectes du savoir-faire. Ainsi, il est possible de compléter la clause de non-exploitation par des clauses d'exclusivité de non-concurrence. La première est celle en vertu de laquelle un opérateur s'engage à n'effectuer une prestation déterminée qu'auprès d'un autre opérateur. La clause de non-concurrence constitue une obligation de ne pas faire en vertu de laquelle son débiteur s'engage à ne pas concurrencer le créancier. Sa finalité est en principe « *de protéger directement ou indirectement la clientèle de son créancier contre la concurrence que pourrait développer le débiteur de non-concurrence* »[247]. Il peut s'agir d'interdire une activité professionnelle donnée. Ce peut également être une clause déterminant uniquement la nature de l'activité professionnelle interdite ou encore le mode d'exercice d'une activité. On peut interdire en outre au débiteur de s'intéresser directement ou indirectement à cette activité. Cependant, elle ne doit pas interdire au débiteur toute activité professionnelle, donc pas d'interdiction générale d'activité, ne doit donc pas empêcher toute activité professionnelle dans le domaine de compétence qui est le sien[248]. Cette clause n'implique pas d'obligation de non-

247 Y. PICOD, Y. AUGUET, M. GOMY, « Obligation de non-concurrence », *in Rép. Com.*, Dalloz, n° 4. V. Y. SERRA, *L'obligation de non concurrence dans le droit des contrats*, Librairie Sirey, 1970, n° 4, p. 2 et n° 7 et s., p. 5 et s.

248 W. DROSS, Clausier. Dictionnaire des clauses ordinaires et extraordinaires des contrats en droit privé interne, Litec, 2e éd., 2011, p. 426.

divulgation[249]. Elle n'implique pas plus une obligation de non-exploitation. Au contraire, le débiteur demeure en mesure d'exploiter le savoir-faire, à condition que cette exploitation ne soit pas effectuée dans le cadre de relations concurrentielles avec le créancier. Par conséquent, l'exploitation du savoir-faire demeure, *a contrario*, possible dans des secteurs différents[250]. Il convient enfin de fixer une durée raisonnable pour cet engagement, afin qu'il soit valable. Cette durée doit correspondre au temps nécessaire pour que des informations ne soient plus concurrentielles et ne présentent plus le même intérêt dans la lutte économique entre concurrents.

162. La validité de la clause de non-concurrence est soumise aux règles du droit commun de la concurrence. Elle doit être à la fois légitime et proportionnelle[251]. Concernant la légitimité, la jurisprudence admet, depuis le début des années quatre-vingt-dix, que la condition fondamentale consiste dans la nécessité de la protection des intérêts légitimes de son bénéficiaire. Cette condition a d'abord été posée en droit social[252] avant d'apparaître en droit civil et en droit commercial[253]. Or, la sauvegarde d'un savoir-faire est considérée comme un intérêt légitime justifiant le recours à une telle clause[254]. Ainsi, l'insertion d'une clause de non-concurrence dans le contrat de travail d'un salarié ayant acquis un savoir-faire après quatorze ans d'activité est justifiée par l'intérêt supérieur de l'employeur[255]. Par ailleurs, le règlement n° 330/2010 concède une exemption aux accords contenant une obligation de non-concurrence, dès lors que cette dernière est indispensable à la

249 *Ibid.*, p. 155. V., *contra*, Y. PICOD, Y. AUGUET, M. GOMY, préc., v., spéc., n° 21.

250 E. PY, « Les mécanismes contractuels de protection du savoir-faire », *Légicom* n° 49, 2013/1, p. 41, v., spéc., p. 48.

251 Comp. L. 1121 du code du travail.

252 Cass. soc., 14 mai 1992, *Bull. civ.* V, n° 309, *D.* 1992, p. 350, note Y. SERRA.

253 Cass. com., 14 novembre 1995, *D.* 1997, somm. p. 59, note D. FERRIER ; Cass. civ. 1ère, 11 mai 1999, *D.* 2000, somm. p. 312, note Y SERRA.

254 V., par exemple, en matière de franchise, C. GRIMALDI, S. MÉRESSE, O. ZAKHAROVA-RENAUD, *Droit de la franchise*, Litec, Carré droit, 2011, n° 219.

255 Cass. soc. 14 février 1995, n° 93-43.898.

protection du savoir-faire transmis par le fournisseur ou le distributeur[256]. Toutefois, ce savoir-faire doit être « *significatif et utile* » (art. 1, § 1 g)). En ce sens, il a par exemple été jugé qu'une clause pouvait être nulle pour manque de consistance[257] du savoir-faire, ou encore du fait de sa banalité ou de son manque d'originalité[258].

163. Concernant la proportionnalité, il convient de poser une limite temporelle et/ou spatiale. Ces limites sont en principe alternatives, sauf en droit du travail où elles sont cumulatives[259]. En présence d'une clause de non-réaffiliation, la proportionnalité sera appréciée plus souplement parce qu'elle restreint moins la liberté du cocontractant. Mais elle reste toutefois soumise aux contrôles de légitimité et de proportionnalité. Cette clause ne doit cependant pas cacher une obligation de non-concurrence. Cela est le cas lorsque le franchisé n'est plus en mesure d'exercer son activité hors du réseau de franchise[260]. Elle s'avère en particulier nulle quand elle n'est pas indispensable à la protection des intérêts légitimes de l'entreprise[261]. Cependant, en principe, la jurisprudence procède à une requalification de la clause en procédant, par exemple, à la réduction du territoire national à la ville de Paris[262]. En effet, la délimitation d'une aire géographique trop étendue constitue une atteinte à la liberté

256 Règlement UE n° 330/2010 de la Commission du 20 avril 2010 concernant l'application de l'article 101, paragraphe 3, du traité sur le fonctionnement de l'Union, *JOCE* n° L 102 du 23 avril 2010, p. 1, art. 5, § 3.

257 CA Paris 25 février 2010, *Concurrences* n° 3-2010, p. 103, note N. ERÉSÉO.

258 Cass. com., 28 septembre 2010, *JCP E* 2010, 2134, note J. RAYNARD, 1943, note N. DISSAUX, *Contrats, conc. consom.* 2010, comm. 271, note M. MALAURIE-VIGNAL, *Concurrences* n° 1-2011, p. 121, note N. ERÉSÉO. V., néanmoins, CA Paris, 7 mars 2012, *Contrats conc. consom.* 2012, comm. 152, note M. MALAURIE-VIGNAL (affirme que la banalité du savoir-faire n'enlève pas sa protection).

259 Cass. soc., 10 juillet 2002, *D.* 2002, 2491, note Y. SERRA.

260 E. PY, préc., v., spéc., p. 51.

261 Cass. soc. 14 mai 1992, *Bull. civ.* 1989, n° 309, *D.* 1992, jurispr. p. 350, note Y. SERRA, *JCP G* 1992, II, 21889, note J. AMIEL-DONAT.

262 CA Paris, 23 mars 1993, *D.* 1994, somm., p. 222, note Y. SERRA.

du travail[263]. Néanmoins, la Cour de cassation semble préférer une lecture stricte de la clause à sa requalification[264]. Cette interprétation a été critiquée par l'Autorité de la concurrence dans un avis rendu le 7 décembre 2010[265].

164. Certaines clauses dérivées de la clause de non-concurrence peuvent aussi s'avérer efficaces. On peut notamment évoquer la clause de non-réaffiliation et la clause de non-sollicitation. La première a pour but d'interdire à un distributeur de s'affilier à un réseau de distribution concurrent après la rupture du contrat. Il s'agit d'une sorte de variation diminuée de la clause de non-concurrence, dont elle se distingue par son intensité. En effet, elle s'en différencie uniquement en ce qu'elle n'interdit pas l'exercice de toute activité concurrente, mais seulement l'exercice d'une certaine forme d'activité concurrente. La clause de non-sollicitation complète également la clause de non-concurrence[266]. C'est une garantie supplémentaire liant deux entreprises, se différenciant ainsi de la clause de non-sollicitation de clientèle liant une entreprise à son ancien salarié. Elle a pour but d'interdire à un client de solliciter ou de recourir aux services d'un salarié ou d'un collaborateur de l'entreprise. La violation de cette clause pourra se résoudre non seulement pas la mise en cause de la responsabilité contractuelle du cocontractant, mais aussi par la responsabilité délictuelle du salarié qui aurait contribué à la violation de l'obligation contractuelle[267]. Il est peu probable qu'une clause de non-sollicitation soit requalifiée, sauf s'il

---

263 Cass. com., 25 mars 1998, *Bull. civ.* 1998, n° 174, *D.* 1999, somm. p. 107, note Y. SERRA.

264 F. BUY, « Clause de non-concurrence », *in Les principales clauses des contrats d'affaires*, *op. cit.*, p. 645, v., spéc., n° 1178.

265 Avis n° 10-A-26 du 7 décembre 2010 relatif aux contrats d'affiliation de magasins indépendants et les modalités d'acquisition de foncier commercial dans le secteur de la distribution alimentaire.

266 Cass. com., 11 juillet 2006, *D.* 2006, p. 2925, note M. GOMY, *RTD civ.* 2007, p. 111, note J. MESTRE, B. FAGES.

267 S. BENILSI, « La clause de non-sollicitation », *JCP S* 2007, 1976, v., spéc., n° 18 et s.

s'agit d'une clause de non-sollicitation de clientèle[268]. La jurisprudence l'a en effet entièrement détaché de la clause de non-concurrence[269]. La doctrine a en ce sens démontré la faible influence jouée par la légitimité et la proportionnalité sur ce type de clauses[270]. Ces dernières ne sont donc soumises ni à une contrepartie financière ni à des limites spatiales et/ou territoriales[271]. Toutefois, il a récemment été jugé que le salarié qui n'avait pu être engagé du fait d'une clause de non-sollicitation pouvait obtenir une réparation de son préjudice, lequel était lié à l'atteinte portée à sa liberté de travailler[272].

165. En fin de compte, la légitimité et la proportionnalité sont contrôlées suivant l'intérêt de l'entreprise à conserver le secret de l'information. Cet intérêt se manifeste en particulier via l'avantage concurrentiel procuré par le savoir-faire. Ce contrôle est susceptible d'amener à limiter l'étendue de la protection du secret à l'information qui est véritablement utile au créancier[273]. Par ailleurs, la clause ayant des effets post-contractuels ne se justifie que si le salarié a été directement en contact avec l'information[274]. Il convient également d'envisager le cas dans lequel la communication d'un savoir-faire est partie prenante d'un contrat de vente (**C**).

---

268 Cass. soc. 13 juin 2007, *Contrats conc. consom.* 2009, comm. 249, note M. MALAURIE-VIGNAL ; Cass. soc., 27 octobre 2009, *Contrats conc. consom.* 2009, comm. 200, note M. MALAURIE-VIGNAL.

269 Cass. com. 11 juillet 2006, n° 04-20438.

270 M. DEPINCÉ, « La clause de non-concurrence post-contractuelle et ses alternatives », *RTD com.* 2009, p. 271, v., spéc., p. 286 et s.

271 Y. PICOD, Y. AUGUET, M. GOMY, préc., v., spéc., n° 25.

272 Cass. soc., 2 mars 2011, *Contrats conc. consom.* 2011, comm. 139, note M. MALAURIE-VIGNAL.

273 J. MESTRE, J.-Ch. RODA, « Clause de secret et de confidentialité », *in Les principales clauses des contrats d'affaires, op. cit.*, v., spéc., n° 1729.

274 M. MOREAU, « La protection de l'entreprise par les clauses contractuelles de non-concurrence et de confidentialité », *Dr. et patr.*, n° 69, mars 1999, p. 56, v., spéc., p. 57.

C. Le contrat de vente

166. Les hypothèses visées sont les suivantes : soit un vendeur livre à un acheteur un objet comprenant du savoir-faire et il ne souhaite pas que l'acheteur y accède ; soit un vendeur livre un objet dont le fonctionnement nécessite la communication d'un savoir-faire.

167. Dans les deux hypothèses envisagées ci-dessus, la vente est en réalité doublée d'une communication de savoir-faire. La protection de ce dernier pourra alors prendre deux formes. La première option serait d'insérer dans le contrat de vente une clause concernant la transmission du savoir-faire. Cette clause pourrait intégrer, en substance, les restrictions prévues ci-dessus à propos de la confidentialité, de la non-exploitation ou encore comprendre des protections indirectes. Mais, le plus simple, et certainement le plus sûr, est de retenir une seconde option consistant à conclure un second contrat en plus de la vente. Ce contrat aura alors pour objet la communication du savoir-faire et pourra contenir l'ensemble des clauses adaptées dans ce cas de figure, la même conclusion s'imposera pour les contrats de recherche (**D**).

D. Les contrats de recherche

168. Dans le domaine de la recherche, on peut distinguer le contrat portant sur une prestation de recherche et le partenariat. Le contrat portant sur une prestation de recherche est une variété du contrat d'entreprise. C'est une convention par laquelle une personne confie à une autre l'accomplissement de travaux intellectuels en contrepartie d'un prix[275]. Trois questions se posent lors de la rédaction de ce type de convention[276] : l'objet

---

275 Y. REBOUL, *Les contrats de recherche*, Litec, CEIPI, t. 23, 1978, n° 21, p. 21

276 F. BELLIVIER, Ch. NOIVILLE, *Contrats et vivant. Le droit de la circulation des ressources biologiques*, LGDJ, Traité des contrats, 2006, n° 197 et s., p. 172 et s.

et la qualité de la prestation à opérer ; la propriété des éventuels résultats ; enfin l'organisation de la confidentialité. Il est en principe prévu que « *chaque partie s'engage à ne pas publier ni divulguer de quelque façon que ce soit les informations issues de l'étude ainsi que les autres informations, et notamment les connaissances antérieures, appartenant à l'autre partie et dont elle pourrait avoir connaissance à l'occasion de l'exécution du* [...] *contrat* »[277]. Le même type de clause peut être introduit dans une convention de partenariat où il ne s'agit pas de confier l'accomplissement d'une prestation de recherche à un tiers, mais concevoir de mener et d'organiser un projet de recherche en commun.

169. Autant le droit commun des biens et des contrats que les droits spéciaux des propriétés intellectuelles sont de nature à faire obstacle à l'ingénierie inverse, en ce que cette dernière semble toujours se situer à la frontière des interdits édictés par le droit civil. De même, s'agissant comme elle s'apparente le plus souvent à une forme d'espionnage économique, l'ingénierie inverse est tout aussi susceptible de heurter aux incriminations prévues par le droit pénal (**Partie II**).

---

277 *Ibid.*, n° 198, p. 173, citant CNRS/Société X, Contrat de collaboration de recherche.

PARTIE II - L'INGÉNIERIE INVERSE SAISIE PAR LE DROIT PÉNAL

82. – Plusieurs qualifications pénales spéciales (**Chapitre 1**) et générales (**Chapitre 2**) permettent d'appréhender le phénomène de l'ingénierie inverse.

Chapitre 1 - Le droit pénal spécial

170. Le droit pénal connaît certains mécanismes spéciaux capables de réprimer d'intervenir dans la répréhension de l'ingénierie inverse. Ainsi, on pense en particulier à la fraude informatique (**Section 1**) et à la protection des secrets de fabrique et des secrets de la défense nationale (**Section 2**).

SECTION I. LA RÉPRESSION DE LA FRAUDE INFORMATIQUE

171. L'acte d'ingénierie inverse peut, en soi, constituer une fraude informatique. La loi énumère plusieurs comportements qualifiables comme tels (§ **1**). En outre, certaines incriminations sont communes à ces différentes atteintes (§ **2**).

§ 1 Les atteintes aux systèmes automatisés de traitement des données

172. La loi liste plusieurs comportements constituant des fraudes informatiques : l'accès et le maintien frauduleux dans un système automatisé de traitement de données (**A**) ; l'atteinte au fonctionnement d'un système automatisé de traitement de données (**B**) ; l'atteinte aux données (**C**).

A. L'accès et le maintien frauduleux dans un système automatisé de traitement des données

173. L'article 323-1 nouveau du Code pénal incrimine « *le fait d'accéder ou de se maintenir, frauduleusement, dans tout ou partie d'un système de traitement automatisé de données* ». Cette infraction est punie de deux ans d'emprisonnement et de 30 000 euros d'amende. Qu'est-ce qu'un système automatique de traitement de données ? Le texte n'en fournit aucune définition. Le rapporteur au Sénat en a proposé au cours des travaux préparatoires : « *tout ensemble composé d'une ou plusieurs unités de traitement, d'une mémoire, d'un logiciel, de données, d'organes d'entrées-sorties, et de liaisons concourant à un résultat déterminé, cet ensemble étant protégé par des dispositifs de sécurité* »[278]. La nécessité de dispositifs de sécurité aurait pour effet de restreindre excessivement l'étendue de l'infraction. Doit-on considérer que ces dispositifs sont consubstantiels des systèmes de traitement automatisés de données ? Certains auteurs le pensent[279]. Cependant, la majorité des auteurs considère que l'accès frauduleux ne sanctionne pas la violation d'un système de sécurité[280]. En effet, l'exigence de la violation d'un dispositif sécurité constituerait un ajout par rapport à la loi. Ainsi, la jurisprudence retient qu'un tel dispositif n'est pas nécessaire[281]. Toutefois, la présence de dispositifs de sécurité est de nature à faciliter la preuve de l'effraction. C'est un moyen de faire connaître aux personnes habilitées l'absence de droit de s'introduire et de se maintenir dans le système. La jurisprudence retient une conception large de la notion de système de traitement automatisé de données. Les juges ont par exemple appliqué la qualification aux choses suivantes : le

---

278 Rapport THYRAND, Doc. Sénat 1987-1988, 1ère session, n° 3.

279 G. CHAMPY, *La fraude informatique. T. I*, PUAM, 1992, p. 83 et s. V. H. ALTERMAN, A. BLOCH, « La fraude informatique », *Gaz. Pal.* 1988, doct. p. 4.

280 H. CROZE, « L'apport du droit pénal à la théorie générale du droit de l'informatique (à propos de la loi n° 88-19 du 5.01.88 relative à la fraude informatique) », *JCP G* 1988, 3333, v., spéc., n° 9 et 10 ; J.-P. BUFFELAN, « Les nouveaux délits informatiques », *Expertises* n° 103, p. 58 ; P. CHAMOUX, « La loi sur la fraude informatique de nouvelles incriminations », *JCP G* 1988, I, 3321, n° 6 ; R. GASSIN, préc., n° 89 et s. ; M.-P. LUCAS DE LEYSSAC, « Fraude informatique : protection des systèmes de traitement automatisé de données, répresssion de la falsification de documents informatisés et mesures de prévention », *DIT* 1988/2, p. 21.

281 CA Paris, 5 avril 1994, *JurisData* n° 1994-0211093, *LPA* 1995, n° 80, p. 13, obs V. ALVAREZ ; *JCP E* 1995, I, 461, obs. M. VIVANT, Ch. LE STANC, *D.* 1994, p. 130, *Rev. sc. crim.* 1998, p. 142, obs. J. FRANCILLON. V., également, CA Toulouse, 21 janvier 1999, *JurisData* n° 1999-040054 ; TGI Paris, 13 février 2002, *Comm. com. électr.* 2002, comm. 72, obs. L. GRYNBAUM réformé par CA Paris, 30 octobre 2002, *JurisData* n° 2002-212825 ; *LPA* 26 mai 2003, p. 12, note E. BOURGEOIS ; *Gaz. Pal.* 23 juillet 2003, note V. PRAT, Y. BREBANT.

système Carte bleue[282] ; le réseau de cartes France-Télécom[283] ; l'annuaire électronique de France-Télécom[284] ; le minitel[285] ; le système informatisé d'une entreprise[286] ; un disque contenant le logiciel de comptabilité et les données d'un cabinet d'expertise[287].

174. D'un point de vue matériel, l'infraction est commise dès qu'il existe une introduction et/ou un maintien dans un système automatique de traitement de données sont qualifiables de fraude informatique. On incrimine l'atteinte à l'intégrité du système. Ce qui signifie que le résultat de ces actes n'importe pas. Il n'est pas nécessaire que l'agent ait capté des données. Selon Raymond GASSIN, « *le délit de l'article 323-1 est un* délit en soi *qui se suffit à lui-même et il a pour* finalité *la protection directe des systèmes de traitement de données automatisés qui sont considérés à cette occasion, en tant qu'ensembles complexes, comme des "universalités de fait", objets de propriétés et de droits divers sur l'ensemble au profit du* "maître du système" »[288]. La jurisprudence donne de nombreux exemples d'accès à des systèmes automatisés de traitement de données. Ainsi, le fait, pour un ancien salarié, d'utiliser les codes accès aux messageries électroniques de tiers pour consulter leurs correspondances, constitue un accès frauduleux[289]. De même l'utilisation de fausses adresses

282 TGI Paris, 25 février 2000, *D.* 2000, p. 99 ; *D. aff.* 2000, p. 219, obs. DELPECH. Confirmé par CA Paris, 6 décembre 2000, *Comm. com. électr.* 2001, comm. 28, obs. Ch. LE STANC.

283 T. corr. Paris, 26 juin 1995, *LPA* 1996, n° 27, p. 4, note. V. ALVAREZ.

284 CA Rennes, 6 février 1996, *JurisData* n° 1996-042141 ; *JCP E* 1997, I, 657, n° 21, obs. M. VIVANT, Ch. LE STANC.

285 CA Paris, 15 décembre 1999, *D.* 2000, p. 44.

286 Cass. crim., 12 décembre 1996, *Bull. crim.* 1996. n° 465 ; Cass. crim., 8 décembre 1999, *Bull. crim.* 1999, n° 296 ; *JCP G* 2000, IV, 1369 ; Cass. crim., 22 novembre 2005, pourvoi n° 05-82200.

287 CA Douai, 7 octobre 1992, *JurisData* n° 1992-49432 ; *JCP E* 1994, I, 359, n° 15, obs. M. VIVANT, Ch. LE STANC.

288 R. GASSIN, Rép. pén. Dalloz, V° Informatique (fraude informatique), n° 155.

289 CA Paris 27 mars 2002, *JurisData* n° 2002-180229. V. CA Toulouse, 21 janvier 1999, *JurisData* n° 1999-040054.

électroniques[290] ou bien le fait pour un membre du personnel d'une juridiction de se connecter sur des sites pornographiques via les ordinateurs de la juridiction, constituent de tels accès[291]. Se rend également coupable de cette infraction, le salarié autorisé à utiliser le logiciel de réservation d'une compagnie aérienne pour donner des renseignements aux clients et qui l'utilise pour annuler des réservations pour obtenir à son profit et à celui de sa famille la délivrance de billets d'avion[292]. Néanmoins la seule connexion au site Internet d'une compagnie victime d'accès frauduleux commis par d'autres pour en observer les conséquences ne caractérise pas l'infraction[293].

175. Le maintien dans un système est incriminé de manière indépendante par rapport à l'accès au système. Un accès peut être licite tandis que le maintien dans le système, après la perte d'une habilitation autorisant cet accès, ne l'est pas. Ainsi, les employés qui utilisent des minitels mis à disposition dans le cadre de leur travail pour des activités ludiques en dehors de ce cadre en cachant leurs agissements par un système d'inhibition et d'écrans noirs se rendent coupables d'une telle infraction[294]. Il en va de même pour les personnes utilisant des codes d'accès qui leur avaient été remis gratuitement pour une période d'essai et qui les utilisent au-delà de cette période[295]. Qu'en est-il du maintien faisant suite à un accès frauduleux ? Doit-on retenir les deux qualifications, en considérant alors qu'il s'agit d'un concours d'infractions, ou ces qualifications sont-elles incompatibles entre elles ? Les auteurs sont partagés, mais ils proposent tous de tenir compte des circonstances[296].

---

290 T. Corr. Le Mans, 7 novembre 2003, *Gaz. Pal.* 18 au 20 juillet 2004, p. 4, obs. E . BARBRY.

291 CA Montpellier, 24 mai 2006, *JurisData* n° 2006-317375.

292 CA Paris, 19 février 2010, *JurisData* n° 002848.

293 CA Paris, 15 mai 2001, *JurisData* n° 2001-148255.

294 CA Paris, 15 décembre 1999, *JurisData* n° 1999-106710 ; *D.* 2000, p. 44.

295 Cass. crim. 3 octobre 2007, *JurisData* n° 2007-040853 ; *Bull. crim.* 2007, n° 236. V. A. LEPAGE, « Un an de droit pénal et des nouvelles technologies », *D. pén.* 2007, chron. 6, n° 17.

296 R. GASSIN, préc., n° 118 ; J. DEVÈZE, *Lamy droit de l'informatique*, n° 38.

La jurisprudence tend à qu'il n'existe pas d'incompatibilité entre ces qualifications et qu'elles soient toutes les deux retenues pour un même acte[297].

176. En définitive, dans ces deux affaires, la révélation de failles de sécurité des systèmes informatiques objet des intrusions litigieuses pouvait se révéler gravement dommageable pour les entreprises concernées. En effet, le risque était patent que les données recueillies puis communiquées à des tiers fussent de nature à permettre d'autres actions préjudiciables. C'est pour éviter la réalisation d'un tel risque que les décisions analysées ci-dessus ont été rendues. Elles s'inscrivent dans une logique de prévention.

177. Un jugement du tribunal correctionnel de Paris a condamné à une peine d'emprisonnement avec sursis l'informaticien qui avait mis en lumière les failles du système des cartes bancaires[298]. Les magistrats parisiens ont en l'espèce jugé qu'en décortiquant, pour mener à bien sa recherche, un terminal de paiement électronique d'occasion qu'il avait acheté, le prévenu avait commis les délits d'accès et de maintien frauduleux dans un système de traitement automatisé des données et qu'il y avait introduit des données frauduleusement. Le tribunal a de cette façon pris parti sur la condition préalable du délit : l'existence d'un système de traitement automatisé des données, catégorie dont il n'existe aucune définition légale. Selon la défense, étant donné que le terminal utilisé était « inerte », en d'autres termes il n'était pas relié à un réseau informatique, en l'occurrence celui géré par le groupement cartes bancaires, chargé de transmettre les ordres de paiement et de retrait ainsi que les autorisations de transactions, la condition préalable du délit faisait défaut. Les manipulations

297 CA Toulouse, 21 janvier 1999, *JurisData* n° 1999-040054 ; CA Paris, 6 décembre 2000, *JurisData* n° 134502 ; TGI Paris, 25 février 2000, préc. conf. par CA Paris, 6 décembre 2000, *Comm. com. électr.* 2001, comm. 28, note Ch. LE STANC.

298 TGI Paris, 25 février 2000, *D.* 2000, p. 219.

en cause ont été effectuées sur une « *composante inactive et isolée du système* », ce qui revenait à dire que les terminaux de paiement en cause ne faisaient pas partie, à proprement parler, du « *système cartes bancaires* ». Il est vrai qu'un élément isolé, par exemple un logiciel non intégré à un ordinateur, ne saurait constituer un système[299]. Mais l'approche apparaît toutefois trop réductrice, car elle aboutit, en fin de compte, à considérer que système est synonyme de réseau. En effet, si l'on retient la définition habituellement proposée, à savoir celle élaborée par le Sénat lors des débats précédant l'adoption de la loi n° 88-19 du 5 janv. 1988 relative à la fraude informatique, dont les termes ont été repris quasiment à l'identique par le nouveau Code pénal, un système est un « *ensemble composé d'une ou plusieurs unités de traitement de mémoires, de logiciels, de données, d'organes d'entrées-sorties et de liaison — cette énumération n'étant pas limitative —*... [concourant à] *un résultat déterminé* ». Dès lors, le terminal de paiement isolé constitue incontestablement un système, en ce qu'il est n'est rien d'autre qu'un ensemble d'éléments matériels (clavier, écran, unité centrale...) et immatériels (logiciels, et surtout algorithme d'authentification des cartes bancaires introduites dans le terminal...) destinés à opérer une transaction au moyen d'une carte bancaire.

178. Certes, on peut remarquer que le prévenu était devenu propriétaire du terminal de paiement et pouvait donc *a priori*, en faire l'usage qu'il voulait, conformément à l'art. 544 du Code civil. Mais c'est oublier qu'en matière de logiciel, l'algorithme d'identification des cartes bancaires constituant précisément un logiciel, l'utilisateur n'a pas acquis de droit de propriété, comme les juges le soulignent, mais ce droit est conservé par le fournisseur, qui en conserve le droit d'auteur. Ainsi, le prévenu, en décryptant l'algorithme d'identification des cartes bancaires, s'est livré à un travail de décompilation, laquelle n'est autorisé par l'art. L. 122-6-1 du Code de la propriété intellectuelle que si certaines conditions précises

299 R. GASSIN, préc., n° 73.

sont remplies. Or, la neutralisation d'un logiciel ne constitue pas un motif légitime justifiant la décompilation.

179. L'accès ou le maintien n'est réprimé qu'à la condition d'être frauduleux. Tout délit implique d'abord que soit constaté un dol général, c'est-à-dire la conscience de violer la loi pénale. Mais, s'agissant des délits relatifs au système automatisé de traitement de données, parce que la loi exige, pour que le délit soit constitué, que les actes en cause aient été commis frauduleusement. Il convient de déterminer si les contrevenants être conscients d'accomplir des actes irréguliers. En l'occurrence, l'auteur de l'acte doit être conscient de s'être introduit ou maintenu dans un système de traitement automatisé de données sans autorisation, ou, en d'autres termes, contre le gré du maître du système. Par conséquent, il faut en outre constater l'existence d'un dol spécial, lequel suppose non pas nécessairement une intention de nuire, mais la volonté « *d'atteindre un certain résultat prohibé par la loi pénale* »[300], ou, celle d'agir contre le gré du maître du système. Il n'importe pas de savoir si le prévenu poursuivait une démarche purement scientifique. Un tel argument est inopérant en droit, puisqu'il aboutit à prendre en considération le mobile animant l'auteur de l'acte, qui est, sauf exception, indifférent sur la commission de l'infraction[301]. Dès lors, l'informaticien guidé par le souci de faire progresser la science, tout comme le pirate, qui accède et se maintient illicitement dans le système automatisé de traitement de données par simple goût du jeu ou de l'exploit technique, ne sauraient échapper à la condamnation[302]. L'existence d'une charte des bons usages des ressources informatiques, signée dans une entreprise par exemple, peut prouver l'élément moral[303]. Outre

300 F. DESPORTES, F. LE GUHENEC, *Le nouveau droit pénal. T. 1*, Economica, 3e éd., 1996, n° 474.

301 *Ibid.*, n° 477.

302 R. GASSIN, préc., n° 136.

303 TGI Vannes, 13 juillet 2005, *JurisData* n° 2005-294765 ; *Comm. com. électr.* 2006, comm. 74, obs. É. CAPRIOLI.

l'accès et le maintien, la fraude informatique couvre également l'atteinte au fonctionnement du système (**B**).

B. L'atteinte au fonctionnement d'un système automatisé de traitement de données

180. L'article 323-2 nouveau du Code pénal incrimine, quant à lui, « quiconque aura intentionnellement et au mépris des droits d'autrui entravé ou faussé le fonctionnement d'un système automatisé de traitement de données ». Le texte vise autant l'entrave au fonctionnement que le fait de le fausser. Fausser le fonctionnement d'un système consiste dans une action visant, sans en empêcher le fonctionnement, à l'infléchir de façon à le rendre pratiquement inutilisable[304]. De fait, les juges recourent plutôt à la notion d'entrave pour condamner cet infléchissement du fonctionnement du système.

181. L'interprétation du terme « entraver » suscite cependant des difficultés[305]. Les salariés qui, par leur grève, paralysent le fonctionnement de l'ordinateur, tombent-ils sous le coup de la loi ? Le fournisseur qui s'avère incapable de fournir à temps le programme nécessaire au fonctionnement de l'ordinateur de son client verra-t-il ce dernier choisir la voie pénale, accompagnée d'une constitution de partie civile, lui permettant d'obtenir, beaucoup plus rapidement satisfaction ? Ces deux exemples ont été expressément écartés du champ d'application de la loi lors des débats. Le premier de manière catégorique, car le droit de grève est reconnu par la Constitution. Le second de façon plus nuancée. Certes n'importe quel comportement paralysant le fonctionnement de l'ordinateur ne pourrait être poursuivi sous la qualification d'entrave : la loi exige qu'il soit intentionnel et au mépris des

---

304 J.-P. BUFFELAN, préc.

305 B. FILLION, « La réception de l'innovation technologique en droit pénal », *Rev. sc. crim.* 1990, p. 270.

droits d'autrui. Mais, ces conditions étant remplies, la loi ne permettra-t-elle pas de poursuivre celui qui, par un comportement quelconque, empêche le fonctionnement de l'ordinateur ? La jurisprudence semble rejeter cette hypothèse. Il a notamment été jugé que le salarié qui refusait de fournir à son ancien employeur un code d'accès au programme de gestion de l'entreprise ne commettait pas d'entrave[306]. Cependant, la Cour de cassation a considéré que l'introduction délibérée d'un virus informatique dans le logiciel d'un client ou le fait de s'abstenir d'informer ce dernier d'une introduction, même accidentelle, d'un tel virus, quand on en a connaissance, ainsi que de l'altération de l'ensemble du système informatique pouvant en résulter lors de la mise en œuvre du logiciel, constituent des atteintes au fonctionnement d'un système de traitement automatisé de données[307]. Une bombe logique destinée à paralyser le fonctionnement du système[308] ou le blocage d'un code d'accès par effacement du programme de clés d'accès[309] constituent également une telle entrave.

182. Quoi qu'il en soit l'atteinte au fonctionnement peut être commise dans le prolongement d'un accès ou d'un maintien frauduleux. L'article 323-2 vise non seulement les atteintes physiques aux composants du système, mais aussi les atteintes logiques aux programmes et aux fichiers qui lui permettent de traiter l'information. Il est en outre à remarquer que les biens informatiques sont, comme tous les types de biens, protégés contre la destruction, la dégradation et la détérioration sur le fondement 322-1 et suivant du Code pénal. Cette atteinte peut aussi porter sur les données traitées par le système (**C**).

---

306 CA Poitiers, 20 janvier 1988, *JurisData* n° 1988-049319.

307 Cass. crim., 12 décembre 1996, *Bull. crim.* 1996, n° 465 ; *Rev. sc. crim.* 1998, p. 144, note J. FRANCILLON ; *RTD com.* 1997, p. 521, obs. B. BOULOC.

308 CA Paris, 15 mars 1994, JurisData no 020887 ; JCP E 1995, I, 461, obs. M. VIVANT, Ch. LE STANC.

309 CA Paris, 5 octobre 1994, JurisData no 023667 ; JCP E 1995, I, 461, obs. M. VIVANT, Ch. LE STANC.

C. L'atteinte aux données

183. Le troisième délit concernant la fraude informatique est celui prévu à l'article 323-3 du Code pénal. L'hypothèse, à la différence de la précédente, vise celui qui, autorisé à pénétrer dans un système informatique, profite de cette autorisation pour commettre un certain nombre d'abus. Ces abus pourront résider dans l'introduction de données dans un système de traitement automatisé ou dans leur suppression, voire (depuis 2014) dans le fait « *d'extraire, de détenir, de reproduire, de transmettre* » ces données (ce qui peut amener à réprimer certaines formes de rétro-ingénierie frauduleuse). Ils pourront aussi consister en la modification de données contenues dans un système ou dans la modification de leur mode de traitement ou de transmission, ceci de manière intentionnelle et au mépris des droits d'autrui. L'infraction est punie de 5 ans d'emprisonnement et de 75 000 euros d'amende.

184. L'article 323-3 permet de sanctionner pénalement toutes sortes de sabotages dont peuvent se rendre coupables les utilisateurs autorisés de l'ordinateur. Mais, sera-t-il applicable à ces deux hypothèses, particulièrement discutées, qu'est l'utilisation abusive de carte bancaire magnétique ou le vol de temps machine ? Il ne fait pas de doute que le titulaire d'une carte de prélèvement bancaire est un utilisateur autorisé de l'ordinateur[310]. Ne pourrait-on considérer qu'en donnant l'ordre à la machine de lui remettre une somme à laquelle elle n'a pas droit une personne y introduit des données, au mépris des droits du banquier et que, ce faisant, elle abuse de son autorisation d'accès ? La même conclusion ne s'imposera-t-elle pas pour celui qui, utilisant à son profit l'ordinateur et le logiciel mis à sa disposition dans l'exercice de sa profession, y introduit des données « *intentionnellement et au mépris des droits d'autrui* » ? Là encore, tout dépendra de l'interprétation jurisprudentielle.

---

310 TGI Paris, 25 février 2000, *D.* 2000, p. 219.

185. La délimitation entre l'incrimination prévue à l'article 321-3 et celles prévues aux articles 321-1 et 321-2 se révèle être délicate. Cependant, la Cour de cassation a précisé à ce propos que « *le seul fait de modifier ou supprimer, en violation de la réglementation en vigueur, des* ***données*** *contenues dans un* ***système*** *de* ***traitement*** *automatisé caractérise le délit prévu à l'article 323-3 du Code pénal, sans qu'il soit nécessaire que ces modifications ou suppressions émanent d'une personne n'ayant pas un droit d'accès au* ***système*** *ni que leur auteur soit animé de la volonté de nuire* »[311]. Ainsi, tandis que l'accès ou le maintien frauduleux suppose qu'une personne ait agi sans l'autorisation du maître du système, le délit d'atteinte aux données est susceptible d'être constitué alors même que la personne qui l'a commise bénéficiait d'une autorisation. Néanmoins, il est plus malaisé de réussir à tracer la frontière entre les incriminations prévues aux articles L. 323-3 et L. 323-2 dans la mesure où l'introduction, la suppression ou la modification de données (L. 323-3) peut constituer des manières d'entraver ou de fausser le fonctionnement d'un système automatisé de traitement des données.

186. L'ingénierie inverse constitue une fraude informatique quand elle permet l'accès et le maintien frauduleux dans un système automatisé de données, l'atteinte au fonctionnement de ce système, ou encore l'atteinte à des données. Plusieurs incriminations communes à ces atteintes sont par ailleurs prévues (§ **2**).

---

311 Cass. crim. 8 décembre 1999, *JurisData* n° 1999-004833 ; Bull. crim. 1999, n° 296 ; *Dr. pénal* 2000, comm. 53, note M. VÉRON ; *RTD com.* 2000, p. 744, obs. B. BOULOC.

§ 2 Les incriminations communes aux atteintes

187. La loi prévoit différentes incriminations communes aux atteintes : les actes préparant ou permettant la commission d'une atteinte (**A**) ; l'association de malfaiteurs (**B**).

A. Les actes préparant ou permettant la commission d'une atteinte

188. Selon l'article L. 323-3-1, « le fait, sans motif légitime, d'importer, de détenir, d'offrir, de céder ou de mettre à disposition un équipement, un instrument, un programme informatique ou toute donné conçus ou spécialement adaptés pour commettre une ou plusieurs des infractions [mentionnées précédemment] ». Plusieurs décisions sont susceptibles d'illustrer l'application faite de cette disposition. Ainsi, dans une première affaire, le prévenu exerçait l'activité de conseil en sécurité informatique et son expertise était reconnue en ce domaine. Il avait mis en évidence la vulnérabilité du système informatique de Microsoft et en avait averti cette entreprise. Cette dernière l'en avait d'ailleurs remercié et fait immédiatement la correction nécessaire[312]. Toutefois, il ne s'était pas contenté de cela. Il avait, en outre, diffusé sur le portail Internet de la société dont il était le gérant des informations permettant d'exploiter les failles de sécurité décelées. Les informations étaient directement visibles sur son site et accessibles à tous les internautes. C'est la raison pour laquelle l'intéressé avait été poursuivi sur le fondement de l'article 323-3-1 du Code pénal. Le tribunal correctionnel l'avait relaxé, mais, sur appel du ministère public, sa décision

312 Cass. crim., 27 octobre 2009, n° 09-82.346, *Bull. crim.* n° 177, *D.* 2009, p. 2935, obs. A. DARSONVILLE et p. 806, note J. LASSERRE-CAPDEVILLE ; *Dr. pénal* 2010, comm. n° 3, note M. VÉRON ; *JCP* 2010, 18, note A. LEPAGE.

avait été infirmée par la cour de Montpellier, cette dernière ayant estimé qu'il y avait bien eu en l'espèce mise à disposition de moyens destinés à commettre des infractions en matière informatique et que le prévenu ne pouvait invoquer l'existence d'un motif légitime tiré de la volonté d'information du public[313]. Pour rejeter le pourvoi, la Chambre criminelle écarte d'abord le motif exonératoire. Elle considère ensuite que l'intention coupable a été suffisamment caractérisée par l'arrêt attaqué.

189. Dans une seconde affaire, un site internet d'information spécialisé en sécurité informatique, dédié aux professionnels et accessible à l'adresse www.zataz.com, avait reçu une alerte d'un internaute[314]. Ce dernier affirmait avoir accédé librement, par l'intermédiaire d'un moteur de recherche FTP[315], à des données personnelles détenues par une grande entreprise internationale. Il s'agissait en l'occurrence de données bancaires, comptables et statistiques. Le directeur de publication de Zataz, par ailleurs journaliste, avait en effet procédé à une enquête et constaté l'existence d'un espace FTP en accès libre. Il en ressortait que des milliers de données personnelles, qui auraient dû rester strictement confidentielles, étaient « disponibles d'un simple clic de souris, via un navigateur internet, sans aucune restriction, ni mot de passe ». Il avait ainsi décelé une importante faille de sécurité du serveur de l'entreprise, défaillance pouvant être exploitée par la concurrence. Prévenue par lui, l'entreprise en question l'en avait remercié avant de procéder à la correction et de fermer son serveur (comme l'avait fait Microsoft dans l'affaire précédente). Ces faits avaient ensuite été relatés dans un article publié sur le site pour informer les clients de cette entreprise afin qu'ils vérifient que leurs données bancaires n'avaient pas été utilisées par des pirates informatiques. Des précautions avaient été prises pour éviter que les données sensibles soient

---

313 CA Montpellier, 12 mars 2009, *JurisData* n° 2009-004341.

314 CA Paris, 9 septembre 2009, *Expertises*, n° 341, novembre 2009, note J. FRANCILLON.

315 *File Transfer Protocol* (protocole de transfert de fichiers).

lisibles, notamment par « floutage » des informations diffusées dans la vidéo accompagnant le texte de l'article. L'entreprise avait alors assigné en référé le directeur de la publication du site afin d'obtenir la destruction de toutes les données litigieuses en sa possession. En outre, sur le fond, elle avait engagé une action pénale, non sur le terrain de la fraude informatique, mais sur le seul chef de diffamation. Sur ce dernier point, le plaignant n'a pas obtenu satisfaction. En revanche, il a obtenu gain de cause sur l'action en référé engagée devant la cour d'appel de Paris. La Cour a en effet jugé que l'existence d'une faille de sécurité n'excluait nullement les qualifications pénales d'accès et de maintien frauduleux. Elle a considéré qu'en dépit de la légèreté de l'entreprise concernant la sécurité informatique de son serveur et bien que l'accès aux données ne fût pas limité par un dispositif de protection, le fait d'accéder ou de se maintenir sans droit dans un système d'information constituait un trouble manifestement illicite dès lors que le responsable du système avait manifesté l'intention d'en restreindre l'accès aux seules personnes autorisées. Ainsi, le directeur de publication de Zataz a été condamné à détruire toutes les informations révélées sur son site. Cette mesure de remise en état était la seule susceptible de faire cesser le trouble, car elle interdisait une publication ou diffusion ultérieure de contenus qui risquaient d'être exploitée de manière malveillante. La fraude informatique peut aussi prendre la forme d'une association de malfaiteurs (**B**).

B. L'association de malfaiteurs informatiques

190. L'article 323-4 dispose ceci : « La participation à un groupement formé ou à une entente établie en vue de la préparation, caractérisée par un ou plusieurs faits matériels, d'une ou de plusieurs des infractions prévues par les articles 323-1 à 323-3-1 est punie des peines prévues pour l'infraction elle-même ou pour l'infraction la plus sévèrement réprimée. » cette infraction a une portée plus large que la précédente car elle concerne autant les actes couverts par les articles 323-1 à 323-3 que les actes préparant ou permettant la commission de ces infractions qui sont incriminés par l'article 323-3-1. L'incrimination des actes d'un groupement de malfaiteurs est en particulier utile en présence de réunion de hackers s'attaquant à un système.

191. L'ingénierie est susceptible de constituer une fraude informatique. Par ailleurs, l'accès ou la divulgation du secret qu'elle permet est également incriminée pour certains types de secrets (**Section 2**).

SECTION II. LA PROTECTION DES SECRETS

192. Certains secrets sont protégés par la loi pénale. Cette dernière selon les cas incrimine la divulgation voire l'accès aux secrets qu'elle vise. Ainsi, si en ce qui concerne le secret de fabrique le texte prohibe seulement la divulgation du secret réalisée par un salarié tenu à une obligation de secret (**A**), dans le secret de la défense nationale, il prohibe autant l'accès que la divulgation d'une telle information (**B**).

A. Le secret de fabrique

193. L'article L. 621-1 du CPI sanctionne la divulgation d'un secret de fabrique. Le texte ne définit pas ce secret. La jurisprudence en donne la définition suivante : « *Tout procédé de fabrication offrant un intérêt pratique et commercial mis en œuvre par un industriel et tenu caché par lui à ses concurrents qui, avant la communication qui en a été faite, ne le connaissaient pas.* » La sanction de sa divulgation est prévue par l'article L. 1227-1 du Code du travail : deux ans d'emprisonnement et 30 000 euros d'amende. La juridiction est en mesure de prévoir, à titre complémentaire, pour une durée de cinq ans ou plus, l'interdiction des droits civiques, civils et de famille.

194. Il faut souligner que ce secret doit être un secret de caractère industriel, « *c'est-à-dire qu'il doit se rapporter à des opérations de fabrication, de préparation ou de transformation d'un produit donné.* [...] *Il s'ensuit que tous les secrets se situant en deçà du stade de la production industrielle, tels que les résultats de recherches de laboratoires préalables à* *la mise au point de la production, ou encore les études relatives à des procédés secrets qui n'ont pas encore abouti à une réalisation pratique, mais qui constituent bien souvent une part non négligeable d'une entreprise, ne peuvent faire l'objet de la protection légale instituée par l'article 418* »[316]. Certaines législations, comme celle des Pays-Bas, étendent la notion à tous les renseignements, qu'ils soient industriels ou non (article 273 du Code pénal néerlandais).

195. Le seul accès au secret ne suffit pas, il faut une communication à un tiers. La communication consiste dans un acte d'information ou de révélation à un tiers. Elle suppose donc un tiers bénéficiaire.

196. Enfin, le texte ne s'applique qu'aux « *directeurs, commis, ouvriers* ». Le délinquant doit donc présenter une qualité particulière. Les révélations qui seraient faites par toute autre personne sont par conséquent exclues, notamment celles qui seraient le fait d'une entreprise liée par un contrat type contrat d'entreprise, comme le contrat de communication de savoir-faire. Dès lors, un tiers de bonne foi en visite dans l'entreprise ou un espion n'est pas visé par cette incrimination. En outre, la disposition précise que le secret révélé concerne la « *fabrique où il est employé* », ce qui implique que s'applique à l'employé et non à l'ancien employé. Cependant, la jurisprudence accepte qu'il suffise que le délinquant ait eu la qualité d'employé au moment de la connaissance et non au moment du dévoilement du secret[317]. Enfin, il est nécessaire qu'il y ait eu une intention frauduleuse. On peut citer en ce sens une décision de la chambre criminelle de la Cour de cassation[318]. En l'espèce, un salarié démissionne en emportant les plans d'une machine-outil conçue par son employeur, permettant de fabriquer des bandes armées destinées à renforcer les assemblages de panneaux de plâtre. Il

---

316 *Ibid.*, n° 278, p. 153.

317 Comp. Allemagne où l'obligation de secret s'impose aux anciens employés durant un certain temps après l'expiration du contrat de travail, en vertu de la théorie de l' « effet prolongé » des obligations contractuelles. V. F. BEIER, « Lettre d'Allemagne », *Propr. ind.* 1968, p. 343.

318 Cass. crim., 19 sept. 2006, *RTD com.* 2007 p. 529, note J.-Ch. GALLOUX.

communique ces plans à un fabricant qui avait déjà réalisé des machines semblables pour l'employeur, puis s'associe à lui afin de constituer une société ayant pour activité de produire des bandes armées par ce procédé. L'employé est poursuivi du chef de révélation d'un secret de fabrique et le fabricant du chef de recel de cette révélation. Ils ont été condamnés par la cour d'appel de Montpellier, l'ancien employé et le fabricant de la machine ont formé un pourvoi, rejeté par la chambre criminelle de la Cour de cassation dans son arrêt du 19 septembre 2006. Outre ce secret de fabrique, la loi pénale protège également le secret de la défense nationale (**B**).

B. Le secret de la défense nationale

197. Il arrive que l'information à laquelle l'ingénierie inverse donne accès ait été classifiée au titre du secret de la défense nationale. Selon l'article 413-9 du Code pénal, « *présentent un caractère de secret de la défense nationale au sens de la présente section les procédés, objets, documents, informations, réseaux informatiques, données informatisées ou fichiers intéressant la défense nationale qui ont fait l'objet de mesures de classification destinées à restreindre leur diffusion ou leur accès* ». L'accès ou la divulgation d'un secret défense est restreinte dès qu'il ou elle nuit à la défense nationale ou serait de nature à conduire à la découverte d'un secret de la défense nationale[319]. L'accès par ingénierie inverse à un contenu numérique classifié pourrait donc constituer un délit punissable des peines prévues à l'un des articles 413-10 ou 413-11, voire même – si cela était réalisé au profit de l'étranger

319 Sur l'ensemble de la problématique juridique du secret de défensr, v. B. WARUSFEL, *Contre-espionnage et protection du secret - Histoire, droit et organisation de la sécurité nationale en France*, Editions Lavauzelle, 2000 ; plus récemment (et centré principalement sur l'articulation du secret de défense et des nouvelles technologies numériques) : B. WARUSFEL, « Secret de défense, sécurité nationale et nouvelles technologies », in C. BLAIZOT-HAZARD , *NTIC, secret et droits fondamentaux - Les NTIC face aux droits et libertés fondamentaux à travers le prisme du secret*, Fondation Varenne, 2017.

- relever des sanctions criminelles réprimant la trahison ou l'espionnage.

198. L'ingénierie inverse, en ce qu'elle implique un accès non autorisé à certaines informations, est aussi susceptible de constituer une fraude informatique et de violer certains types de secrets. Au-delà de ces incriminations spéciales, le droit pénal propose également des incriminations générales capables de s'opposer au *reverse engineering* (**Chapitre 2**).

Chapitre 2 - Le droit pénal général

83. – Le droit pénal général est susceptible d'appréhender le *reverse engineering* via la prohibition des atteintes à la propriété, à la condition que ses incriminations soient capables de s'appliquer à une extraction d'information. Trois types d'atteintes sont en cause ici : le vol (**Section 1**), le recel (**Section 2**) et l'abus de confiance (**Section 3**).

SECTION I. LE VOL

199. Comme l'article 379 ancien du Code pénal, l'article 311-1 incrimine la soustraction d'une chose. L'idée de soustraction de la chose d'autrui implique que cette chose soit la propriété d'autrui. Il suffit d'établir que la chose n'est pas la propriété de celui qui la soustrait[320] ou qu'elle n'est pas encore sa propriété[321]. Est-il possible de soustraire une information ?

320 Cass. crim. 25 oct. 2000, *Bull. crim.*, n° 318, *Dr. pénal* 2001, comm. 18, *D.* 2001, note T. GARÉ, *JCP* 2001, II, 10566, note P. MISTRETTA (vol d'objets et de bijoux dans des cerceuils et des caveaux).

321 Cass. crim., 23 nov. 2004, *Dr. pénal* 2005, comm. 39 (titulaires de legs universels, simples héritiers potentiels, qui enlèvent la propriété des biens au de cujus avant que la propriété de ces biens ne leur soit transmise).

200. Traditionnellement, la soustraction était comprise comme la soustraction d'une chose corporelle[322] ou d'un droit[323].

201. Selon la conception moderne, la soustraction ne doit être que juridique[324]. Ce qui implique, selon GARÇON, que « *la prise de possession à l'insu ou contre le gré du propriétaire ou précédent possesseur ; c'est l'*usurpation, invito domino, *de la véritable possession dans ses deux éléments simultanés et concomitants du* corpus *et de l'*animus ». Dès lors, tous types de choses pourraient être soustraites[325]. VITU relève en ce sens à propos du terme de « chose », qu'« *on pourrait le regarder comme synonyme de "chose matérielle", c'est-à-dire de corps physique palpable, occupant dans l'espace un certain volume ; c'est certainement la signification qu'admettaient les Romains, pour qui les choses étaient tout ce que l'on peut toucher et appréhender physiquement (*quae tangi possunt*) ; il répond à un certain développement de la civilisation matérielle et de soumission du monde à la puissance de*

322 M.-L. RASSAT, Droit pénal spécial, Dalloz, Précis, 6e éd, 2011. Marie-Laure RASSAT avance trois arguments. D'abord, « *le vol* [...] *est* [...], *dans sa forme habituelle, une infraction de réalisation violente, menaçant toujours les personnes même si elle nes les atteint que parfois* [...]. *Par opposition l'appréhension de biens intellectuels relève de la notion d'infraction astucieuse, qui l'apparente beaucoup plus à l'escroquerie ou à l'abus de confiance si elle est opérée, ce qui est fréquent, dans le cadre d'une relation de travail ; elle se pratique dans la discrétion, sans la mise en œuvre de moyens violents mais par l'habileté ou malhonnêteté intellectuelles et sans faire naître de danger corporel pour les personnes. Rien ne justifie donc, du point de vue de la logique d'une politique pénale cohérente, qu'on assimile ces comportements à celui du vol ordinaire.* » (n° 101, p. 126, v., spéc., p. 127). Ensuite, les biens incorporels ne rentrent pas dans la notion de « chose » susceptible d'être volée. La chose, contrairement au bien est nécessairement tangible (n° 102, p. 127). Enfin, pour elle ce qui compte c'est au moment de la soustraction qu'il doit être consommé, importe peu ce qu'on en fait après. Alors que les auteurs favorables à cette qualification insistent sur l'usage (n° 102, v., spéc., p. 127 et 128). V. M. VÉRON, Droit pénal des affaires, Cours, Dalloz, 8e éd., 2009, n° 19, p. 24, v., spéc., p. 25 ; Droit pénal spécial, 14e éd., Sirey, Université, 2012, n° 375, p. 270. V. A. HOLLANDE, X. LINANT DE BELLEFONDS, Pratique du droit de l'informatique et de l'Internet, Delmas, 6e éd., 2008, n° 1428, p. 360.

323 Ph. CONTE, *Droit pénal spécial*, Manuel, LexisNexis, 4e éd., 2013, n° 530, p. 351 et 352.

324 P. CORLAY, « La notion de soustraction frauduleuse et la conception civiliste objective de la possession », LGDJ, Bibliothèque de droit privé, t. CLVII, 1978, passim.

325 V. PELTIER, *Le secret des correspondances*, PUAM, 1999, n° 522 et s.

l'homme. Mais ce sens, valable encore au XIXe siècle, ne répond plus aux moyens techniques de domination de la matière que l'homme s'est donné depuis cent ans ; celui-ci s'est assujetti des forces de la nature et les a domestiquées, en a fait des sources de richesses appropriables, transmissibles et utilisables ; il convient que le droit suive ce mouvement »[326]. Le texte n'associe pas le terme de « chose » aux qualificatifs « corporelle » ou « matérielle ». « *Il suit de là que le texte vise tout bien ou tout élément patrimonial* […] *envisagé indépendamment de ses qualités physiques ou matérielles, par conséquent même si ce bien est impondérable ou immatériel, pourvu toutefois qu'il puisse donner lieu à une soustraction, c'est-à-dire au passage de la possession d'une personne en la possession d'une autre.* […] *On peut dire que la chose doit être un bien, matériel ou immatériel, et que ce bien doit être de nature mobilière.* »[327] Néanmoins, l'auteur paraît confondre le vol de biens immatériels avec le vol d'énergie, sans ne jamais évoquer de véritables réalités immatérielles, telles que les informations, par exemple[328]. Les conclusions tirées de la lecture de VITU sont donc à nuancer, même s'il semble que l'auteur soit favorable à la reconnaissance du vol des biens incorporels.

202. Traditionnellement, la jurisprudence n'admettait le vol d'informations que s'il y avait un vol de leurs supports matériels le temps nécessaire à leurs reproductions[329]. Les juges semblaient ainsi rejeter le vol d'information. Mais les décisions récentes sèment le doute. La Cour de cassation a reconnu le vol de « contenu informationnel » d'une disquette informatique pour celui qui en fait une copie[330]. Dans une

---

326 A. VITU, Traité de droit criminel. Droit pénal spécial. Deuxième Partie. Les atteintes aux intérêts privés, Cujas, 1982, n° 2213, p. 1800, v., spéc., p. 1800 et 1801.

327 *Ibid.*, n° 2213, p. 1801.

328 *Ibid.*, n° 2215, p. 1802.

329 Cass. crim., 8 janvier 1979, *Bull. crim.* n° 13, *D.* 1979, p. 509, note P. CORLAY ; Cass. crim., 29 avril 1986, *D.* 1987, p. 131, note M.-P. LUCAS DE LEYSSAC ; Cass. crim., 12 janvier 1989, *Bull. crim.* n° 14 ; Cass. crim. 24 octobre 1990, *Bull. crim.* n° 355.

330 Cass. crim., 12 janvier 1989, préc. ; Cass. crim., 9 sept. 2003, pourvoi n° 02-87.098 (vol du contenu informationnel d'un logiciel) ; Cass. crim., 4 mars

autre affaire, un employé avait tiré et imprimé des informations de l'ordinateur mis à sa disposition pour les utiliser à des fins étrangères à ses fonctions. La chambre criminelle a cassé la décision d'appel, qui avait relaxé l'employé au motif qu'il avait pu estimer qu'il agissait dans le cadre de ses fonctions. Selon la Haute Cour, il résultait des constatations des juges d'appel que le prévenu avait eu la détention d'un fichier informatique qu'il avait utilisé à des fins personnelles, à l'insu et contre le gré de son employeur, et qu'il l'avait ainsi appréhendé frauduleusement ce contenu[331]. Cette décision est notable, puisque rien dans les faits ne permettait ne déterminer s'il y avait eu un vol de support. Et les décisions récentes confirment cette tendance en évoquant non plus la soustraction, mais l'appropriation. « *Toute appropriation de la chose d'autrui contre le gré de son propriétaire ou légitime détenteur caractérise la soustraction frauduleuse constitutive de vol.* »[332] Une partie de la doctrine considère que depuis la décision du 4 mars 2008 que la jurisprudence reconnaît déjà le vol d'information[333]. Par ailleurs, à l'article 311-2 du Code pénal, le législateur a assimilé « *la soustraction frauduleuse d'énergie au préjudice d'autrui* » à un vol, tandis que, depuis 2014, l'extraction non autorisée de données constitue également un délit réprimé par l'article 323-3 de ce même Code pénal (cf. supra, n° 174), ce qui fait dire à certains auteurs qu'il s'agirait là d'une reconnaissance légale implicite du vol d'informations[334]. De même, le recel pourra également concerner une information (**Section 2**)

2008, *D.* 2008, p. 2213, note S. DETRAZ (copie sur un support matériel de données et fichiers informatiques). V., *contra*, Grenoble, 4 mai 2000, *JCP G* 2001, IV, 1473 (pas de vol d'information en l'absence de vol du support).

331 Cass. crim., 3 mars 1992, *Dr. pénal* 1992, comm. 254.

332 Cass. crim., 8 décembre 1998, *Bull. crim.* n° 336 ; Cass. crim. 24 avril 2001, *Bull. crim.* n° 98.

333 Cass. crim. 4 mars 2008, *D.* 2008, p. 2213, note S. DÉTRAZ. V. A. LEPAGE, « Un an de droit pénal des nouvelles technologies », *Dr. pénal* 2008, chron. 10, v., spéc., n° 22.

334 V. notamment G. BEAUSSONIE, « À propos d'une controverse contemporaine et persistante : le vol d'informations », *Revue de droit d'Assas*, n° 17, décembre 2018, p. 104.

SECTION II. LE RECEL

203. Le recel consiste à profiter d'une autre infraction. Il n'a pas d'objet en soi et peut donc autant concerner des choses corporelles que des choses incorporelles[335]. La Cour de cassation a en ce sens a admis le recel d'une créance[336] ou d'un logiciel[337], par exemple. Toutefois, la Haute juridiction judiciaire demeure hésitante à propos du recel d'information[338]. Ainsi, il a été jugé possible de receler l'information stockée sur le disque dur tandis que par la suite on a considéré qu'il était impossible de receler une information, sauf à en détenir le support[339]. Au-delà du vol et du recel, il semble que la qualification de l'abus de confiance soit également à même de concerner une atteinte à une information (**Section 3**).

---

335 Ph. CONTE, *op. cit.*, n° 639, p. 422, v., spéc., p. 423 ; M.-L. RASSAT, *op. cit.* n° 227, p. 273.

336 Cass. crim., 18 janv. 1988, *Bull. crim.*, n° 22, *Rev. sociétés* 1988, p. 579, note B. BOULOC.

337 Cass. crim. 2 octobre 2012, pourvoi no 11-84.107.

338 V. PELTIER, *op. cit.*, n° 550 et s.

339 Cass. crim., 3 avril 1995, *JCP G* 1995, II, 22426, note E. DERIEUX. V. Cass. crim., 26 octobre 1995, *Bull. crim.* 1995, n° 328 (violation du secret professionnel) ; Cass. crim., 25 oct. 2005, *Bull. crim.* 2005, n° 268, *Dr. pén.* 2006, n° 18.

SECTION III. L'ABUS DE CONFIANCE

204. L'abus de confiance consiste dans le détournement d'un bien remis dans un but donné. En dépit de l'expression utilisée, l'« abus de confiance » n'a jamais réellement eu pour objet la confiance abusée. Il a toujours sanctionné le détournement de biens. La doctrine a d'ailleurs rapidement admis qu'il s'agissait d'une atteinte à la propriété[340]. On estime parfois que les agissements passibles de condamnation pour abus de confiance se « *localisent aux avant-postes de la propriété, plus qu'au cœur de celle-ci* », et cette infraction serait donc davantage un « *délit de faute grave dans l'exécution des contrats cités* »[341]. Ce propos est à nuancer. Il semble en effet que l'incrimination vise autant la protection de la propriété que celle du contrat et non exclusivement l'une ou l'autre[342].

205. Quels sont les biens concernés par l'incrimination ? L'article 408 ancien du Code pénal prévoyait qu'ils consistaient dans des « *effets deniers, marchandises, billets, quittances ou tous autres écrits contenant ou opérant obligation ou décharge* ». Certains en ont déduit l'exclusion de l'application de

340 É. GARÇON, n° 229 ; A. VITU, Traité de droit criminel. Droit pénal spécial. Deuxième Partie. Les atteintes aux intérêts privés, Cujas, 1982, p. 365.

341 J. LEAUTÉ, « Le rôle de la théorie civiliste de la possession dans la jurisprudence relative au vol, à l'escroquerie et à l'abis de confiance », *in Mélanges Patin*, Cujas, 1966, p. 233.

342 C. SOUWEINE, « Le domaine de l'abus de confiance dans le nouveau Code pénal », *in Mélanges en l'honneur du Professeur Jean Larguier. Droit pénal. Procédure pénale*, Presses Universitaires de Grenoble, 1993, p. 303, v., spéc., p. 305.

l'incrimination à vol de savoir-faire[343]. L'article 314-1 élargit cette incrimination puisqu'elle concerne désormais des « *fonds, valeur, ou bien quelconque* ». Ainsi, la Cour de cassation a reconnu le détournement d'informations sur la clientèle sans constat du détournement du fichier, support matériel de ces informations[344]. Surtout, il a été admis que l'abus de confiance était capable de protéger la propriété de tous types de choses, qu'elles soient corporelles ou incorporelles[345].

343 F. MAGNIN, Know-how *et propriété industrielle*, Librairies techniques, CEIPI, 1974, n° 299, p. 165.

344 Cass. crim., 16 novembre 2011, *Dr. pénal* 2012, comm. 1, *D.* 2012, 137, note G. BEAUSSONIE, *JCP G* 2012, 538, note S. DETRAZ.

345 Ph. CONTE, *op. cit.*, n° 559, p. 372 ; M.-L. RASSAT, *op. cit.*, n° 172, p. 209 ; M. VÉRON, *Droit pénal spécial*, 14e éd., Sirey, Université, 2012, n° 440, p. 311, spéc. p. 312.

Conclusion

206. De nombreux textes français peuvent permettre de s'opposer à l'ingénierie inverse de différentes manières. Ainsi, les différents pans du droit civil et du droit pénal peuvent être mobilisés, qu'il s'agisse de dispositions générales ou spéciales. Cela étant, et malgré l'importance de cette pratique, le législateur n'en tient que rarement directement compte, comme ce fut le cas pour le droit d'auteur, les topographies de semi-conducteurs et plus récemment le secret des affaires. L'exception instaurée par la législation relative au secret des affaires révèle que l'ingénierie inverse demeure encore souvent incomprise et surtout négligée. L'ampleur du phénomène appelle pourtant, à notre sens, davantage d'attention de la part du législateur.

207. Bien qu'il ne semble pas nécessaire de lui consacrer un *corpus* de règles spécifiques, il faudrait néanmoins qu'émerge une prise de conscience du phénomène et de l'importance qu'il revêt pour les chercheurs et les inventeurs, notamment dans le contexte actuel de numérisation généralisée des informations et de leurs supports. Une telle prise de conscience pourrait utilement déboucher sur un travail systématique sur cet aspect du *reverse engineering*, et en éviter une approche morcelée, voire contradictoire. On pourrait, entre autres, envisager une définition légale générale de cette pratique, afin qu'elle soit aussi mieux comprise et délimitée par les acteurs économiques sous le contrôle du juge. Gageons que la jurisprudence sur l'application de la loi de 2018 sur le secret des affaires aidera notamment à mettre en lumière cette difficulté, de telle façon qu'elle soit enfin considérée à sa juste mesure.

TABLE DES MATIÈRES

Structures éditoriales du groupe L'Harmattan

L'Harmattan Italie
Via degli Artisti, 15
10124 Torino
harmattan.italia@gmail.com

L'Harmattan Hongrie
Kossuth l. u. 14-16.
1053 Budapest
harmattan@harmattan.hu

L'Harmattan Sénégal
10 VDN en face Mermoz
BP 45034 Dakar-Fann
senharmattan@gmail.com

L'Harmattan Cameroun
TSINGA/FECAFOOT
BP 11486 Yaoundé
inkoukam@gmail.com

L'Harmattan Burkina Faso
Achille Somé – tengnule@hotmail.fr

L'Harmattan Guinée
Almamya, rue KA 028 OKB Agency
BP 3470 Conakry
harmattanguinee@yahoo.fr

L'Harmattan RDC
185, avenue Nyangwe
Commune de Lingwala – Kinshasa
matangilamusadila@yahoo.fr

L'Harmattan Congo
67, boulevard Denis-Sassou-N'Guesso
BP 2874 Brazzaville
harmattan.congo@yahoo.fr

L'Harmattan Mali
ACI 2000 - Immeuble Mgr Jean Marie Cisse
Bureau 10
BP 145 Bamako-Mali
mali@harmattan.fr

L'Harmattan Togo
Djidjole – Lomé
Maison Amela
face EPP BATOME
ddamela@aol.com

L'Harmattan Côte d'Ivoire
Résidence Karl – Cité des Arts
Abidjan-Cocody
03 BP 1588 Abidjan
espace_harmattan.ci@hotmail.fr

Nos librairies en France

Librairie internationale
16, rue des Écoles
75005 Paris
librairie.internationale@harmattan.fr
01 40 46 79 11
www.librairieharmattan.com

Librairie des savoirs
21, rue des Écoles
75005 Paris
librairie.sh@harmattan.fr
01 46 34 13 71
www.librairieharmattansh.com

Librairie Le Lucernaire
53, rue Notre-Dame-des-Champs
75006 Paris
librairie@lucernaire.fr
01 42 22 67 13

www.ingramcontent.com/pod-product-compliance
Lightning Source LLC
LaVergne TN
LVHW010943051026
849532LV00003B/1117